청라 언덕 위에 백합 필 적에

청라 언덕 위에 **백합** 필 적에

동요·가곡·합창음악의 선구자 박태준

김중순 지음

책을 펴내면서

박태준 선생은 일찍이 근대 서양음악을 익혀 많은 동요와 가곡을 작곡한 음악가이다. 그저 서양음악의 전통적 양식에 맞추어 작곡의 흉내를 낸 것이 아니라 우리의 정서에 맞게 수용하고 변용하여 서양음악을 대중화하는데 크게 기여했다. 합창활동을 활발하게 벌인 것도 빼 놓을 수 없다. 실제로 박태준 작곡의 여러 동요와 가곡들이 세대를 막론하고 많은 사람들에게 애창되고 있는 것이 그 증거다. 2006년 학교법인 계성학원에서는 개교 100주년을 맞아 박태준 선생을 "자랑스러운 계성 10인" 가운데 한 분으로 선정했다. 박태준은 이미 우리 교육계나 음악계에서 크게 존경을 받는 인물인데 이런 과정은 새삼스러울 수 있다. 그러나 유감스럽게도 후세들이 그 분을 기릴 수 있는 근거 자료들은 제대로 정리되어 있지 않다. 그나마 음악가로서의 생애에 대해서는 손태룡의 글이 우일하고, 단편적으로 그 분의 작품에 대한 기록들이 조금씩 남아있을 뿐이다.

이 책은 예술가로서의 박태준 선생이 가졌던 "인간적인 면모"를 그려내기 위해 기획되었다. 그저 과거라는 시간의 단위 속에서 박제된 모습으로 남아 있는 박태준 선생을 다시 일으켜 세우겠다는 것이다. 그리고 그 분이 보여 준 창조적 상상력의 의미를 역사적으로 재조명하여 청소년들에게 소개하고자 하는 것이다. 그것은 후세에 교훈과 기쁨과 감동을 제공할 것이라 믿기 때문이다. 또한 박태준 선생의 음악에 대한 일관된 삶의 의지는 우리에게 커다란 자긍심과 희망과 용기를 주어 미래를 위한 롤 모델(Role Model)이 될 것으로 믿기 때문이다.

따라서 이야기의 서술은 '스토리텔링'의 방식을 취했다. 그것은 '이야기'라고 하는 실체가 현재 진행형으로 말해지는 행위이다. 인쇄매체의 시대에는 '이야기'가 '이미 이루어진 과거의 것'을 의미했다. 그러나 스토리텔링에는 'tell'이라는 구체적인 감각적 행위가 포함되어 있다. 특히 화자와 청자가 같은 맥락 속에 포함됨으로써 현재의 상황이 강조된다. 현장성의 회복, 즉 새롭게 확장된 구술문화의 차원이 되는 것이다. 여기에 'ing'는 상황의 공유와 그에 따른 상호작용성의 의미를 내포한다. 가공되지 않은 단순 자료를 이야기로 풀어 재미있게 만든 것을 말한다. 그래서 상당부분 작가의 상상력에 의한 재구성이 이루어지게 된다. 소위 리얼리티(reality)를 위한 장치라고 할 수 있다.

계성은 박태준 선생님이 청소년기의 꿈을 키운 보금자리였고, 그의 인격이 형성된 현장이었다. 대구라고 하는 도시도 그분의 상상력이 형성되는 데 절대적인 공간이었다. 그러나 그가 꾸웠던 꿈을 계성학교에만 가두어 두지 않고 세상 모든 청소년들과 나누고자 하는 학교법인 계성학원 김태동 이사장님의 의지가 아니었다면 이 책은 빛을 볼 수 없었을 것이다. 뿐만 아니라 처음에 공저자로 참여했던 정만진 선생님의 수고가 적지 않았다. 많은 자료를 모으고 초고를 집필해주신 데 대해 감사드린다. 그러나 대구시 교육위원이라는 중책을 맡아 끝까지 함께 하지 못한 것을 유감스럽게 생각한다. 계명대학교 한국문화정보학과의 백성미 양은 상당부분 에피소드를 구성하는 데 일조를 하였다. 앞으로 글쓰기의 꿈을 키우는 밑거름이 되리라 믿는다. 향토음악사학가 손태룡 선생님의 저서와 사진자료들은 많은 도움이 되었다. 그러나 무엇보다도 박태준의 음악세계를 이해하기 위해 그 분이 작곡한 곡들을 일일이 들으며 불러볼 수 있었고, 특히 헨델의 「메시아」, 바흐의 「b 단조 미사」를 들으며 아내로부터 '음악수업'을 받을 수 있게 된 것도 소중한 소득이었다.

 이 책이 대구 지역의 문화사 연구에 보탬이 되면 좋겠다. 그동안 '전국적인 인물'이라는 이유로 그를 배출해 낸 대구에서 그 분에 대한 연구가 소홀했음이 사실이기 때문이다. 그러나 무엇보다도 청소년들이 '근대'라고 하는 시대 속에 숨은 많은 이야기들을 재미있게 읽어 낼 수 있으면 좋겠다.

2010년의 봄을 기다리며
저자 김 중 순

차례

책을 펴내면서　4

1. 유성기를 끌어안고　11
2. 청라 언덕의 백합꽃　27
3. 음악, 그 위대한 언어를 발견하고　41
4. 동무 생각　55
5. 오빠 생각　69
6. 세 동무　81
7. 웨스트민스터 음대에서 만난 헨델　93
8. 카네기 홀에서 만난 바흐　105
9. 나라를 사랑하는 노래　117
10. 합창, 함께 부르는 노래　129

박태준 연보 · 145
참고문헌 · 148

1 유성기를 끌어안고

가슴이 터질 것만 같았다. 오케스트라의 응장함은 마치 거대한 바닷물이 일렁이며 춤을 추는 듯 했다. 소프라노, 앨토, 테너, 베이스가 어울켜 뿜어내는 사중창은 파도를 타고 거침없이 미끄러져 흐르는 돛단배였다. 때로는 쏟아질 듯, 때로는 넘칠 듯, 우렁찬 합창의 함성은 그들이 마치 창조주인양 폭풍을 불러오기도 하고 고요한 정적을 만들어내기도 했다. 벌써 몇 시간째인가. 태준은 외삼촌 오환기가 일본에서 보물처럼 싸들고 온 유성기판에 취해있었다. 「메시야」의 "할렐루야"였다. 태준의 인생을 통째로 바꾸어 놓은 헨델의 작품이다. 헨델은 결코 그냥 사람이었을 리가 없다. 신이 아니었다 할지라도 적어도 보통사람은 아니었을 것이다. 연주 내내 무시무시한

응집력으로 세상의 모든 소리를 하나로 모으는가 하더니 그 다음은 소용돌이치는 듯한 폭풍을 불러와 어느새 부드럽고 유장함으로 소리를 흩어 놓기도 했다. 어두운 구름을 뭉개 뭉개 피워 올리면 어느 순간 밤안개를 자욱하게 깔아놓기도 했다. "할렐루야!" 외침 소리를 견디지 못한 하늘은 결국 그 육중한 문을 열어 제치고야 말았다. 드디어 천사들이 나팔을 불며 팡파르를 울릴 때 쯤 태준의 온 몸은 이미 땀으로 범벅이 되어 있었다. 창밖이 뿌옇게 밝아 오기 시작했지만, 그것은 여전히 밤을 휘감고 있는 안개였다. 전에 들어보지 못했던 리듬과, 전에 느껴보지 못했던 화음을 한꺼번에 받아들이기란 거의 불가능한 일이었다. 기진맥진한 태준은 끓어오르는 감동과 감격을 눈물로 토해내고 있었다. 합창의 여운도 태준의 귓가를 떠나지 않은 채 맴돌고 있었다. 며칠 째 식음을 전폐하고 오로지 유성기판만 끌어안고 있는 태준을 식구들은 걱정스러운 눈초리로 바라보고 있었다. 열병이었다. 땀은 비 오듯 쏟아지고 열은 좀처럼 내려갈 기미를 보이지 않았다. 그것은 분명 지상과는 다른 천상의 소리였다.

박태준, 그가 살던 대구 동산동 언덕배기의 푸른 기와집에도 어김없이 아침이 다가오고 서서히 날이 밝았다. 창호지를 뚫고 빛이 방 안으로 줄기차게 들어왔지만, 밤새 열병을 앓은 그를 깨울 수는 없었다.

"태준아, 이제 슬슬 일어나야지. 그러다 교회 예배에 늦겠다."

새벽 기도를 다녀온 아버지의 음성이었다. 아버지 박순조는 일찍이 기독교를 받아들인 사람답게 앞날을 넓게 내다볼 줄 아는 안목을 가지고 있었다. 개항 이후 기독교가 합법화되고 서양 문물도 밀려들어 오기 시작한 20세기 초, 대구 지역의 분위기 또한 예사롭지 않았다. 미국에서 찾아 온 젊은 선교사 안의와(James. E. Adams)는 교육과 복음 전파를 위해서 대구 최초의 교회인 남문안교회(지금의 제일교회)를 설립하였다. 태준은 두 살 위인 형 터원과 함께 이 교회에서 설립한 대남소학교에 다니고 있었다. 신앙생활에 충실하던 아버지 박순조는 1913년에 이 교회의 장로가 되었고, 1926년에는 김상태 장로와 함께 배성 여자 야학을 설립할 만큼 교육에 대한 집념이 강한 사람이었다.

졸린 눈을 하고 아버지의 목소리에 못이긴 척 일어난 태준은 준비를 서둘렀다. 사실 태준은 아무리 피곤해도 교회에 가지 않겠다고 투정을 부린 적은 없었다. 무슨 특별한 신앙심 때문이라기보다, 형 터원과 함께 오르겐 반주자 이성(李成) 선생님을 만나는 기쁨 때문이었다. 이성 선생님은 어떤 찬송가도 반주를 할 수 있는 기이한 재주를 가지신 분이었다. 발로 눌러

바람을 보내서 내는 조그마한 건반악기 소리는 언제나 태준의 가슴 속 깊이 숨어 있던 신비한 생명력을 일깨워주곤 했다. 그것은 유성기를 들으며 느꼈던 그런 감흥이기도 했다. 아닌 게 아니라 풍금소리는 우리나라 사람들이 갖고 있었던 전통적인 음감을 크게 뒤흔들어 놓은 것이라 서양음악에 대한 태원 형의 집착도 그런 것인지도 모를 일이었다. 태원 형과 이성 선생님의 대화는 언제나 음악이었고, 태준은 그 대화를 훔쳐듣는 것이 그렇게 즐거울 수가 없었다.

"음악으로 표현되는 말은 그 뜻이 더 깊게 잘 와 닿는 것 같지 않은가?"

"아무래도 음악은 사람의 정서를 바꾸어낼 수 있는 힘이 있는 것 같습니다. 소리를 8개의 단계로 나눈 것도 그렇고, 길이와 높낮이, 빠르기와 흐름이 무한한데 그 다양한 소리들이 다시 어울리면…… 이건 정말 도저히 말로서는 표현할 수 없는 신비한 세계가 열리게 됩니다."

그랬다. 이성 선생님과 태원 형의 음악에 대한 대화는 마치 자신이 느꼈던 음악세계를 그대로 설명해주고 있는 듯 했다. 이성 선생님의 반주에 맞춰 노래를 따라하는 일만큼 태준에게 즐겁고 기쁨을 주는 일은 없었다. 일곱 살 나이에 대남소학교에 진학했던 태준은 그 영특함 덕분에 두 번이나 월반을 하여

11살이 되던 1911년에 졸업할 수 있었지만, 태준에게는 학교 공부보다 예배가 더 즐거웠고, 예배보다는 음악이 더 즐거웠다. 같은 해 9월에 계성학교에 진학했지만, 오로지 더 새로운 음악을 공부할 수 있다는 기대로 태준은 매우 흥분해 있었다. 계성학교 역시 안의와 선교사에 의해 1906년 10월 15일에 문을 연 학교다.

"태준아, 계성(啓聖)이란 학교명이 무엇을 뜻하는지 알고 있느냐."

아버지의 질문에는 이미 아들의 중학교 진학에 대한 긍지와 자랑스러운 마음이 가득해 보였다.

"정확히 잘 모르겠습니다."

"우리 교회 박덕일 장로가 지은 이름으로 '영적인 출발(Spiritual Beginning)'을 의미한단다. 나는 네가 이 학교에서 네 꿈의 출발점을 찾을 수 있으면 좋겠구나. 그리고 교훈인 '인외상제지지본(寅畏上帝智之本)', 즉 여호와를 경외함이 지식의 근본임도 가슴 속에 새겨두고 말이야. 약속할 수 있겠지?"

"네. 염려마세요."

계성의 의미처럼 태준에게 있어서 계성학교의 입학은 거룩한 시작이 되었다. 어느 누구의 인생도 하나의 거룩한 절대자의 작품이라는 뜻에서 말이다. 오늘날과 달리 그 당시에는 음악과 미술에 소질이 있는 학생이라 할지라도 그 소질을 꽃 피우는 것은 쉽지 않았다. 애정 어린 햇볕과 때맞춘 보살핌이 없어서 싹 조차 틔우지 못했던 것이 당시의 교육 여건이었기 때문이었다. 그러나 계성학교는 전래 가요나 시조창을 따라하던 아이들에게 서양음악의 세계도 소개하였다. 태준 역시 계성의 세심한 교육 덕분에 음악 분야의 재능을 마음껏 발휘할 수 있었다. 가장 감각이 예민할 때의 청소년기답게, 그리고 마치 메마른 가지가 단비를 만난 듯, 서양음악의 구조를 받아들이는 속도가 놀랄 만큼 빨랐다. 처음에는 채플 시간에 부르는 찬송가를 통해 음악 수업이 자연스레 이루어졌지만, 창가를 통한 일반 서양음악도 소개가 되었다. 주로 『보통교육 창가집』을 통해 「기러기」와 같은 일본 음계의 노래가 소개되는가 하면, 스페인과 스코틀랜드 민요인 「나비」와 「졸업식」, 그리고 「나아가」와 같은 미국 동요도 소개되었다. 노래만 배운 게 아니었다. 밴드도 만들어져 대구 지방에서는 일찍이 들은 적도 본 적도 없는 새로운 악기도 접하게 되었다.

"오늘도 부지런히 연습하고 있구나. 어때, 배우기 어렵지는 않니?"

누구보다도 음악에 관심을 많이 가졌던 라이너(Ralph O. Rainer; 羅道來) 교장선생님이 말을 걸었다.

"음악시간에 잘 가르쳐주신 덕분입니다. 여러 절로 된 가사가 같은 선율로 반복되는 유절 형식이라서 부르기 쉬운걸요."

박태준의 소년 시절. 그는 대남소학교, 계성학교를 거쳐 숭실전문학교로 진학했다.

"오호, 녀석. 수업 시간에 잘 들었구나. 사실 이번에 시민 집회에서 우리 합창단이 노래를 해 달라고 요청이 왔는데 너도 같이 할 생각 있나 해서 찾았단다."

"교내가 아닌 시민 집회에서 한단 말이죠? 실력이 아직 미흡하지만 열심히 해보겠습니다."

계성 합창반의 아름다운 화음과 밴드의 우렁찬 연주는 더 이상 교내용이 아니었다. 각 교회와 시민 집회에도 요청되는 일이 허다했다. 웅성거리는 사람들의 시선이 다소 부담되긴 했지만 태준과 친구들은 능숙하게 합창을 했다. 합창 활동은 태준에게 음악적 자질을 향상시키는데도 한 몫을 했지만, 무엇보다도 자신감과 리더십을 형성하는데 커다란 도움이 되었다. 뿐만 아니라 대구 지역에서 서양 음악 보급에 적지 않은 공헌을 했다. 자신의 음악적 진로에 대해서도 좀 더 확고한 확신을 갖게 된 계기가 되었다. 계성학교가 나중에 유능한 음악가를 많이 배출하였고, 동요 운동의 발상지가 된 것도 결코 우연이 아니었던 것이다.

계성학교는 태준이 입학 한 이후에도 학생 수가 해마다 늘어나 학교 건물이 매우 협소한 지경에 이르렀다. 배우고자 하는 이들은 많은데 공간이 부족했기 때문에 일찍 도착해서 자리를 잡지 못한 학생들은 서서 수업을 들을 수밖에 없었다. 작은 교실에서 하나라도 더 배우려고 노력하는 학생들을 보면서 선생님들 역시 하루 빨리 새롭고 넓은 공간이 생기길 원했다. 그러나 건물 짓는 금액은 일반 시민들이 상상할 수 없을 만큼 컸기에 학교 사정을 아는 이들이 막연히 불평만을 말할 수도 없었다. 맥퍼슨 관이 건립된 것은 바로 이 때였다. 초대 교장 안의와 목사의 후임이었던 라이너 선교사는 안의와의 친척인 맥퍼슨에게서 기금을 받아 또 하나의 붉은색 2층 양옥집을 건립한 것이다. 거대한 위용을 갖춘 이 건물은 맥퍼스관으로 이름이 붙여져 1913년 12월 15일에는 낙성식(落成式)을 거행할 수 있게 되었다. 태준은 진정으로 기뻐하며 낙성식가를 스스로 만들기로 마음을 먹었다. 태준은 자신이 있었다. 이미 시민 집회에서의 연주 경험이 있었고, 형 태원과 서상훈, 권영화, 김태술 등을 포함한 6인조 중창단의 열의도 한껏 고조되었기 있었기 때문이었다. 이 6인조 그룹은 주일이면 여러 교회를 돌며 공연을 하여 특히 젊은이들로부터 인기가 높아 요즘으로 말하자면 아이돌 그룹(Idol Group)이나 다름 없었다.

"새로운 건물이 생기다니! 정말 지나가면서 보기만 해도 너무 좋구먼."

"너도 그래? 나도 소원이 이뤄진 것 같아. 맥퍼슨관에는 난로가 따끈하게 있어서 겨울에도 춥지 않을 것이라는군."

"어디, 그것뿐인가? 전기종이 있어서 시간마다 울려준다니

계성학교 맥퍼슨관. 맥퍼슨(McPherson)의 자금 지원으로 1913년 9월에 건립되었다.

꿈만 같군. 학교에 좀 더 다니면서 졸업을 늦게 할 수는 없을까?"

"하하! 그럴 수는 없는 노릇이니 낙성식가라도 훌륭하게 만들어 우리 학교를 제대로 한 번 알려보세."

"걱정 마. 할 수 있을 거야. 우리가 누구냐!"

박태준 형제와 친구들은 아직 음악 전문가는 아닐지라도 그 의욕과 관심만큼은 대단했다. 오르겐으로 반주를 맞춰가면서 각자 목소리에 어울리는 범위 내에서 화음을 만들어가며 목소리를 다듬었다. 붉은 벽돌 건물을 요리 조리 뜯어보면서 썼다 지웠다를 반복하며 한 줄씩 가사도 만들어갔다. 모두들 한결같이 정성어린 마음으로 노래 만드는 데 한 몫 거들었다. 그들은 마지막으로 라이너 교장선생님을 찾아가서 곡을 보여주며 다듬기를 여러 차례 거쳤다. 우여곡절 끝에 드디어 낙성식가가 탄생했다.

낙성식을 더욱 빛내기 위해서 학생 작품 전시회도 동시에 열렸다. 한문 작문, 국어 작문, 서예, 물리, 화학, 동물, 생리, 수학, 지리 등의 공식 도표와 표본 등 1천여 점의 방대한 작품전시회가 사흘동안이나 열렸다. 신명 여자 학교와 화원 소학교, 순도 여자 소학교 등에서도 500여 점이나 찬조 출품을 했다.

드디어 손꼽아 기다리던 12월 15일, 낙성식 날이 되었다. 소식이 전해지자 동네 주민을 포함해서 축하객들이 밀물처럼 몰려들었다. 낙성식은 라이너 교장의 사회로 진행되었고, 대구 지역의 여러 내빈들이 자리를 잡고 앉았다. 차가운 겨울 날씨에도 불구하고 6인조의 계성 중창단은 힘차게 노래했다. 자신들이 직접 가사를 쓰고 곡을 붙인 탓이었을까? 연습할 때는 어설픈 부분이 없지 않았으나, 이들의 노래는 단연 청중의 이목을 끌었다. 1절부터 5절까지 제법 긴 이 노래는 음악적 재능을 한껏 발휘한 만큼 기대했던 것 보다 훨씬 호응이 컸다. 모두들 칭찬이 자자했지만, 아마도 노래하는 자신들만큼이나 행복하고 감격에 젖은 사람들은 없었을 것이다.

동산 우리 양옥은 계성 학교가 아닌가.
樹林(수림)중에 은은히 굉장하게도 지었네.
(후렴)응응 응응 응해야 응응 응응 응해야
애화라 난다 뛰어라 좋고나 우리 학생들

반석 위에 터 닦아 벽돌 층층 지었네.
아메리카 재목에 日淸(일청) 목수가 지었네.

교내 모든 방들은 20여 방에 分(분)했네.
수중난로 훈기에 엄동설한이 겁없네

구미 각국 이학기(理學機) 방방마다 벌렸네.

벽상에 걸린 전기종 시각마다 따르락

천문 지리 학술과 지체덕육 겸한 중
우리 학교 목적은 인아상제가 지지 본

2 청라 언덕의 백합꽃

"형, 오르겐을 잘 연주하려면 연습을 얼마나 해야 할까?"

"글쎄. 사람마다 다르겠지. 내 동생 오르겐에도 관심이 있었나보구나. 어디 한번 내가 연주해 볼테니 잘 들어봐."

그리고는 「풍우대조(風雨大作)할 때 와」를 익숙한 솜씨로 연주 하였다. 감리교 창시자 요한 웨슬레의 동성인 챨스 웨슬레(Charles Wesley)의 극이다. 그 단아하고 균형 잡힌 화음에 태준은 그만 잠시 넋을 놓고 말았다. 약간은 삐걱거리며 발판에서 새어나오는 바람 소리마저 그에게는 신비롭게 다가왔다. 태준은 자신도 모르게 꿀꺽 마른 침을 삼켰다. 떨리는 몸으로 좀 더 오르겐 쪽으로 가까이 다가섰다. 그것은 음악이 이끄는 거부할 수 없는 감미로운 유혹이었다.

"오르겐은 사람이 내는 소리와 가장 가까운 소리를 내는 악기야. 소리에 대한 인간의 본능적 향수를 불러일으키거든. 게다가 경건한 분위기마저 자아내는 참으로 매력적인 악기야. 어렵지 않으니 너도 한번 배워보렴."

태원은 가볍게 웃어 보이며 손가락으로 여러 개의 건반을 차례대로 눌렀다. 화음이었다. 다시 들어도 아름다운 소리에 태준은 그저 놀랍기만 한 눈으로 형을 바라보았다. 태원은 직접 오르겐을 연주해 보라며 앉은 자리를 양보해주었다. 그러나 태준은 몸이 굳고 손가락이 얼어붙은 듯 아무 것도 할 수가 없었다. 그 모양을 지켜보던 태원이 보랍시고 열 손가락을 활짝 펴더니 화음을 만들어 다시 한 번 크게 건반을 눌러주었다.

"왕~"

이윽고 태준은 조심스레 건반을 눌렀다.

"삑~"

'도' 음정의 짧고 경쾌한 소리가 강당의 빈 공간을 울렸다. 그 순간 자신의 손가락을 통해 나오는 소리를 믿을 수 없다는 듯이 엉겁결에 다른 건반도 눌러보았다. 건반마다 다른 소리들, 그리고 그 다른 소리들이 어울려 만들어 내는 화음. 그날, 태준은 새로운 세상을 만났다. 어릴 때 유성기를 끓어 안고 밤을 새우며 씨름했던 그 천상의 소리를 이제는 그냥 듣는 것이 아니라 만들어 낼 수가 있다니! 태준의 입에서는 짧은 신음이 터져 나왔다.

"아, 그 천상의 소리를 내가 흉내라도 낼 수 있다면……!"

태원과 태준 형제는 특별히 우애가 깊었다. 태원의 음악적 재능은 상당히 뛰어났으며 대구 지역의 혼성 합창 선각자 역할을 한 인재이기도 했다. 태준은 그런 형이 늘 자랑스러웠다. 언제나 한걸음 앞서서 고민을 들어주기도 하고 지쳐 있을 때 다독여주기도 하는 쉼터이자 조언자였다. 자신의 옆에 형이 없었더라면 음악에 관심을 가지게 되었더라도 그 순간 잠깐 지나쳤을지도 몰랐을 일이다. 태준의 오르겐 연습은 그 날부터 본격적으로 시작되었다. 오르겐은 그의 영혼을 타오르게 했고 음악의 정열을 향한 꺼지지 않는 불씨를 지폈다. 밥을 먹을 때도 길을 갈 때도 그의 뇌리에는 희고 검은 오르겐 건반뿐이었다. 그에게는 세상 모든 것이 오르겐으로 가득 차 있는 듯 했다. 머릿속을 가득 매운 오선지는 즉시 건반으로 옮겨놓지 않고서는 견딜 수가 없을 정도였다. 미친 듯이 오르겐에만 매달려 있다 보니 학교에 하나 뿐인 오르겐은 아예 태준의 차지가 되었다. 그의 오르겐에 대한 사랑은 마침내 열다섯이라는 나이로 교회의 오르겐 반주자가 될 수 있게 하였다. 그가 1916년 평양의 숭실전문학교에 입학할 때는 이미 찬송가 400여 장을 전부 암기하여 4부로 칠 수 있을 정도였으니 실로 대단한 일이었다. 그 전에 한 번도 오르겐을 만져 본 적이 없던 소년이 불과 3년 만에 이룬 연습의 결과였다.

하얀 백합꽃이 태준을 찾아 온 것은 1917년 여름방학에 형 태원이 제일교회에서 학생 합창단을 조직했을 때였다. 형 태원은 이미 연희 전문학교에 진학하여 합창단원으로 활동하면서 여러 음악회에서 독창자로도 출연할 만큼 음악 활동이 활발하던 때였다. 그레이(Grey)작곡의 「파라다이스의 꿈: A Dream of Paradise」과 「저 멀리 티페레리: It's Long way to Tipperary」라는 노래는 그의 애창곡이었다. 특히 「켄터키 옛집: My old Kentucky」과 「클레멘타인: Clementine」은 그가 직접 번역한 곡이다. 번역된 가사는 원곡의 액센트, 장단 등과 기막히게 조화를 이루어 이미 그의 시적, 음악적 감수성은 놀라울 정도였다. 당시 음악을 전공한 사람이 많지 않았던 대구에서 박태원이 서울에서 내려와 합창단을 조직한다는 소문이 돌자 누구보다 먼저 몰려든 이들은 현제명, 진기찬, 김병욱, 서상훈, 김무성, 권영화, 문영복, 김문진 등의 예비 음악도들이었다. 그러나 여성들이 없이 남성들만 할 수 있는 음악은 한계가 있었다. 그렇더라도 당시로서는 혼성합창을 쉽게 꿈꿀 수 있는 세상이 아니었다.

합창단의 반주를 맡기로 한 태준은 형 태원을 따라 청라 언덕 위에 자리잡은 신명학교를 찾아갔다. 그들이 계성학교에 다닐 때 늘 지나가던 듯곳길이기도 했다. 푸를 '청(靑)', 담쟁이 '라(蘿)' 자(字)를 쓰는 청라 언덕은 지금은 없어진 성경학교 담장과 동산병원의 선교사 사택, 그리고 신명학교의 붉은 서양식 건물을 뒤덮은 푸른 담쟁이 때문에 생긴 이름이다. 신명학교는 동산병원 설립자인 존슨(Woodbridge O. Johnson) 박사의 부인 에디트(Edith P. Johnson) 여사가 기증한 대구 최초의 피아노가 있는 학교였다. 따라서 신명학교의 음악 활동은 그 어느 곳 보다 활발했다.

"교장 선생님, 저희 교회에서 혼성합창단을 조직합니다. 여성단원들을 좀 소개해주시면 고맙겠습니다."

이미 태원의 음악활동에 대해 잘 알고 있던 폴라드(H.E. Pollard) 교장은 반가운 표정으로 이들을 맞으며 대답을 했다.

"아, 물론이지요. 혼성합창단은 제가 오래 전부터 우리 대구 지역사회에서 꿈꾸던 일인데, 박태원 선생님께서 꼭 성공하시기 바랍니다."

폴라드 교장의 소개를 받고 합창단에 참여한 여성 단원들은 문금조, 이선애, 방달순, 유인경, 강태덕, 한연순, 이봉선, 염귀향 등이었다. 이만하면 충분했다. 남녀 20여명으로 조직된 합

신명학교는 개교 때부터 합창음악의 전통을 가지고 있었다.

창단은 「예수 나를 사랑하오」(현재 곡명: 예수 사랑하심은), 혹은 「주를 가까이 함」 (현재 곡명: 내 주를 가까이 하게 함은) 등을 비롯해서 다양한 찬송가를 섭렵했다. 특히 이 두 노래는 당시 우리나라에서 가장 널리 애창되던 찬송가들 중의 하나였다. 그것은 지금까지 한국인들이 경험했던 가락 위주의 선율이나 리듬과는 다른 것이었다. 우선 음악 언어가 달랐기 때문에 그 언어로 만든 소리도 아주 색다른 것이었다. 다른 여러 음이 동시에 나오는 '화음'이라는 묘한 어울림이 있어 이국적인 맛을 자아내게 해 주었던 것이다. 그리고 '도레미파솔라시도' 또는 '라시도레미파솔라'로 구성된 장단 음계로 만들어진 선율은 낯설지만 어딘가 모르게 친밀감을 주었다. 또한 2박자 또는 3박자의 주기를 타고 만들어진 리듬은 새로운 음악에 신선한 맛을 더해 주었다. 어느 정도 기초가 다듬어지자 이들은 드디어 「메시아」에 도전을 했다. 유성기판을 들어본 단원들은 한 결 같이 머뭇거렸다. 책 한권으로 이루어진 복잡한 악보에 그들은 그만 질리고 말았다.

"우와. 이걸 우리가 과연 부를 수 있을까?"
"처음에는 좀 힘들겠지만 우리도 연습하면 가능할거야. 한 번 해보자구!"

태준이 백합꽃 한 송이와 눈을 마주친 것은 그 때였다. 소프라노의 리더 역할을 하며 연습을 독려하고 있던 여학생이었다. 태준의 눈길에 깜짝 놀란 그녀는 유독 하얗고 고운 피부에 언제나 반달눈으로 웃음 짓는 유인경이었다. 태준은 한동안 넋을 놓고 그녀를 쳐다봤다. 뛰는 가슴을 겨우 진정시키고 정신을 차린 것은 동료들에게 건네는 그녀의 나직한 목소리를 듣고 나서였다. 태준의 눈길을 의식한 인경의 목소리도 떨렸다.

"아니, 그렇게 소리 지르면 안될 것 같은데? 이건 독주가 아니야. 혼자만 잘 부른다고 해결 되는 것이 아니라구. 옆 사람의 소리와 호흡에 귀 기울여봐. 상대를 배려하다보면 화음을 맞추기 쉬울 거야. 자, 쉼표가 있는 곳에서는 분명히 쉬고. 각자의 파트에 충실해야 해. 그리고 서로의 소리를 듣지 않으면 안 된다는 걸 명심해!"

열기는 식을 줄 몰랐다. 가끔은 바람결에 흔들거리는 잎사귀들의 속삭임이 더해져 새로운 화음이 탄생할 때도 있었다. 시간이 지나 점점 실력이 늘어날수록 단원들의 사이도 한층 가까워졌다. 합창이라는 매개체를 통해서 친밀함이 더해지고 있는 것이었다. 그러나 태준과 인경은 대화 대신에 눈빛만 나누고 있을 뿐이었다. 아니, 어쩌면 서로가 서로를 너무나 잘 알고 있어 말이 필요 없는지도 모를 일이었다.

공연은 성공적으로 끝났다. 연주회장은 입추의 여지가 없었

청라 언덕은 푸른 담쟁이가 가득한 신명학교와 선교사 사택, 그리고 지금은 없어진 성경학교 사잇길로 따라 오르도록 되어 있다.

고, 박수 소리로는 부족해 청중들은 발을 굴리기도 했다. 남녀가 함께 모여 노래를 한다며 비난하던 사람들도 있었고, 거룩한 교회당을 광대패들에게 빌려 주었다는 이유로 관리자는 문책을 당하기도 했지만, 그 모든 것들은 합창의 감동 속에 파묻히고 말았다. 늦은 오후였지만 해가 긴 탓인지 청라 언덕은 푸르름을 잃지 않고 있었다. 선교사 주택의 한쪽 벽을 가득 메우고 있는 푸른 담쟁이들이 평소보다 자신의 푸르름을 더욱 뽐내고 있는 듯 했다. 빛을 받아 반짝이는 잎사귀들은 싱그러움으로 가득했다. 태준은 인경에게 조심스레 말을 건넸다. 그렇게도 아끼며 묻어두었던 말이었기에 꺼내기에도 쉽지 않았다.

"헨델이 정말 사람일까요?"

태준의 뜬금없는 질문에 인경은 웃으며 대답했다.

"음악은 하나님께서 인간에게 주신 가장 아름다운 선물인 것 같아요. 청라 언덕도 백합꽃도 정말 세상에는 아름다운 것들 투성이로군요."

"세상을 아름답게 느낄 줄 아는 마음씨야말로 음악보다 더 큰 선물인 것 같은데요?"

태준은 인경에게로 고개를 돌려 동의를 구했다.

"……"

말없는 인경을 향해 태준은 침묵을 깨고 싶었다.

"내년이면 졸업일 텐데……?"

"일본으로 유학을 갈 계획이예요. 음악을 공부하러……."

　단발머리 아래로 드러난 백합꽃 같은 그녀의 하얀 목덜미를 보고 태준은 꺾어 들고 있던 백합꽃을 결국 꺼내지도 못했다. 아쉬었다. 계절이 지나면 백합꽃은 다시 필 것이고, 그 때 다시 꺾어 주면 될 것이라고 태준은 스스로를 위로했다. 그러나 해마다 백합꽃은 피었건만, 그것을 다시 꺾어 줄 수 있는 기회는 더 이상 오지 않았다.

3

음악, 그 위대한 언어를
발견하고

1916년 계성학교를 졸업한 뒤 같은 해에 태준은 평양 숭실학교에 입학하였다. 숭실학교는 우리나라 근대 음악의 선구자들을 대량으로 배출한 학교로, 특히 모의리(E. M. Mowry) 교수와의 만남은 참으로 소중한 것이었다. 모의리 박사는 원래 생물학 전공 교수였으나 음악에 대한 정열은 전공자 못지않아 주로 시창(視唱)을 가르쳤다. 모의리 교수의 지도로 태준의 합창 활동은 숭실에서도 계속되었다. 아직 우리나라에 본격적인 음악회가 없었던 1917년에 숭실학교의 학생들로 구성된 남성 합창단의 '전국 순회 연주'에도 참여를 했다.

"우리들은 이제 군산, 광주, 전주, 목포, 대구, 마산 등을 다니면서 합창과 연주를 할 것이야. 합창은 제1테너, 제2테너,

제1베이스, 제2베이스 등으로 나누어서 조를 짤 테니 각자 맡은 부분을 잘 숙지하도록 해. 자부심을 가지고 최선을 다하도록 하자."

호언장담하는 합창단장의 말은 태준에게 기대와 부담으로 다가왔다. 그러나 연주회가 거듭될수록 자신감이 넘쳤다. 그것은 항해를 떠나는 배와 같았다. 서로의 소리를 받쳐주고 때로는 끌어당겨줘야만 가능한 일이었다. 서로가 조율해 가는 과정은 상대를 인간적으로 이해하고 알아가는 과정이기도 했다. 개개인의 실력도 중요하지만 협동심이 바닥에 깔려있을 때 가능한 일이었다. 숭실학교 합창단은 각자 균형을 잘 맞춘 덕분에 공연이 잘 진행 될 수 있었다. 전국 순회공연은 서울 YMCA 강당에서의 연주로 마무리를 했다. 강당이 커서 부담스럽긴 했지만, 이미 그들은 전국을 일주한 베테랑들이었다. 가슴 깊은 곳에서 끌어 올려진 그들의 우렁찬 목소리는 강당 천장에 닿을 정도였고, 충실한 곡의 해석과 화성의 우아함이 절묘하게 조화를 이루었다. 모두가 귀를 열고 입을 열고 마음을 열었기에 가능한 일이다.

모의리 교수는 일찌감치 태준을 눈여겨보고 있었다. 성실할 뿐만 아니라 음악적 소질 또한 뛰어난 학생이었다. 게다가 가끔씩은 이론적 질문까지 들고 찾아오기도 했다.

박태준이 졸업한 후 1932년에
숭실합창단은 경성방송국에 출연했다.
앞줄 왼쪽 말스베리(교수), 모의리(교수), 권태호(지휘)

"태준 군, 오르겐을 다룰 줄 안다고 들었네만, 여기 이 악보를 피아노로 한번 연주해 보겠나? 내가 좋아하는 명곡인데, 아마 자네에게도 재미있을 걸세."

"네. 감사합니다."

태준은 쑥스러운 듯 악보를 받아들고는 펼쳐보더니 속으로 한숨을 내었다. 기뻐할 줄 알았는데 우두커니 서 있자 의아하게 생각한 모의리 교수가 물었다.

"왜, 이 곡이 마음에 들지 않는가?"

"아닙니다. 정말 마음에 듭니다. 그런데……."

"그런데? 무슨 문제라도 있는가?"

"사실 아직 이렇게 복잡한 악보는 연주해 본 적이 없어서……."

"아니, 그렇다면 오르겐 연주는 어떻게 ……?"

큰 비밀을 털어놓은 것처럼 머뭇거리던 태준은 수줍게 말했다.

"그냥 소리를 듣고 대략 화음으로만 반주를 맞추는 정도일 뿐 입니다."

모의리 교수는 말없이 태준을 피아노 앞으로 데려갔다.

"오르겐과 피아노의 터치는 원리가 다르다네. 오르겐은 바람을 이용해 파이프에서 소리를 내야하지만 피아노는 해머로 소리를 내는 타악기 방식이니 망치의 힘에 따라 소리가 달라진단 말일세."

"오르겐을 칠때는 터치를 조절했었는데 그럼 이렇게 치면 될까요?"

"옳지. 그렇게 힘의 강약을 주고 한번 다시 쳐 보게. 하지만 피아노 연주는 단순한 기교가 아닐세. 악보를 잘 읽고 해석할 줄 아는 능력이 필요하다네. 곡의 원리가 이해되면 연주 또한 훨씬 쉬워질걸세."

이미 오르겐과 친숙했던 태준에게 피아노의 기본을 배우는 일은 그리 힘들지 않았다. 그의 연습은 끊이지 않았고, 한번 불씨가 당겨지면 곧 활활 타올라 그날 체력이 모조리 다 소진될 때까지 연습할 때도 있었다. 부지런한 연습으로 그의 실력은 날로 일취월장(日就月將)할 수밖에 없었다. 피아노를 치는 동안에는 청라 언덕이 떠오르며 옛 생각도 나서 종종 그리움에 잠길 때도 있었다. 생명력 넘치는 태준의 피아노 연주는 어두운 시절 희망의 목소리를 전하는 것 같아 모든 듣는 이들이 좋아했다.

모의리 교수는 박태준을 이끌어 주며 화성학과 작곡의 세계에도 입문하게 하였다. 드디어 그의 음악 실력이 점점 무르익자 습작으로 곡을 만들어 볼 수도 있게 되었다. 어느 가을 밤, 멀리 두고 온 고향을 그리며 향수에 잠기자 태준의 발길은 절로 피아노를 향했다. 평소 사랑하던 고향 후배인 윤복진 시인의 「기러기」라는 시를 꺼내들고 정신없이 악보를 그리기 시작했다.

> 울밑에 귀뚜라미 우는 달밤에 / 기럭기럭 기러기 날아 갑니다
> 가도 가도 끝없는 넓은 하늘로 / 엄마 엄마 찾으며 날아 갑니다
>
> 오동잎이 우수수 지는 달밤에 / 아들 찾는 기러기 울고 갑니다
> 엄마 엄마 울고 간 잠든 하늘로 / 기럭기럭 부르며 찾아 갑니다

고향의 어머니, 너무 오랫동안 멀리 떨어져 있었다. 얼마나 자주 그리움에 눈물지었으며, 얼마나 자주 밤하늘의 기러기를 바라보며 눈물을 삼켰던가. 시를 읽던 태준에게 지난 해 3·1 만세운동 때 겪었던 압제의 설움마저도 한꺼번에 터져 나왔다. 곡이 완성되자 태준은 나지막한 소리로 노래를 불러보았다. 처량한 슬픔과 애잔함이 깊숙이 묻어 있지만, 마지막 부분에서는 새들의 비상을 노래하며 꿈틀거리는 가능성을 열어두었다. 그래서 고향을 향한 애절함과 나라 잃은 민족의 슬픔이 그의 곡에서는 서로 다르지 않다. 가고 싶어도 가지 못하는 어머니의 품속이나, 나라를 빼앗기고 사람의 권리를 강탈당한 지금은 낮이라도 실상 밤 인 것이다. 어둠이 밀려오면 아이들은

낮보다도 더욱 엄마 품이 생각나는 법이었다. 식민지를 살아가는 우리 민족 또한 포근한 엄마 품 같은 독립된 나라가 그리울 것이다. 자주 독립될 조국이 그리워 눈물이 샘솟을 터이다. 외로움과 어둠을 몰아내고 어머니 품에 안길 그 날을 기다리는 희망, 식민지로부터의 해방은 오로지 하늘을 나를 수 있는 기러기에게 부탁할 수밖에 없는 처지다. 비상(飛翔)! 태준이 곡을 붙인 많은 시에 한결같이 새들이 등장하는 것은 바로 그가 희망하는 강렬한 꿈이었다. 이렇게 윤복진의 시에 곡을 붙인 「기러기」와 김영리의 시에 곡을 붙인 「골목길」 등 초창기에 그가 만든 동요 작품이 10여 곡이나 되었다.

한 단계씩 차근히 실력을 쌓아나간 태준은 음악 전도대 활동도 했다. 1920년에 조직된 이 음악 전도대는 방학 때 전도활동 및 애국계몽운동을 펼쳤다. 1921년 하계방학 때는 대구 지방 출신의 학생들로 구성된 「교남전도대」에 가입하여 대규모의 순회강연 및 음악회를 개최하기도 했다. '교남(嶠南)'이란 험준한 산이 있는 남쪽 지방이라는 뜻으로 '영남'의 다른 말이었다. '교남 4중창단'은 대장에 양지연을 비롯하여 악사에는 박태준, 권영화, 현제경, 김태술로 구성되었다. 이들은 모두 계성학교 출신들로 당시 숭실전문학교 4학년이었던 박태준과 김태술은 계성학교 5회 졸업생이며, 1학년이었던 현제명과 권영화는 계성학교 8회에 해당하는 동기였다. 한편 이듬해인 1921년에 제 9회 졸업생이었던 김재범이 숭실대학에 1학년으로 입학하면서 교남4중창단의 새로운 멤버가 되기도 했다. 모두 계성 출신 동문으로 구성된 이 교남4중창단은 누구보다도 우애가 깊었기에 그들의 음악은 서로가 눈빛만으로도 화음을 맞출 수 있을 정도였다. 1921년 6월 24일 대구 제일교회에서 음악예배를 시작으로 6월 27일부터는 영남일대의 순회전도를 시작했다. 교남학생 전도대원들이 마을에 들어서면 아이들은 물론 어른들까지 몰려와 구경하고는 했다.

"어쩌면 저렇게 노래가 듣기 좋단 말인가."

"그러게요. 들어도 들어도 질리지 않으니 절로 좋소."

"신기하네 그려. 서양 음악이라고 해서 어렵거나 듣기 싫을 줄 알았는데, 노래를 들으니 딱히 그런 것도 아니네. 나도 한 번 배워보고 싶구먼."

난생 처음 들어보는 학생들의 중창에 감탄하는 이들은 늘 맨 앞자리를 차지하며 귀를 기울였다. 서양이나 기독교에 대해서 무조건 배척하고 화를 내던 이들도 중창단의 노래를 듣고는 마음을 열기 시작했다. 어른들의 다양한 반응들 속에서도 아이들만은 순진한 눈망울을 굴리며 언제나 동네 어귀서부터 반겨주었다. 전도대원들은 땟국이 졸졸 흐르는 그 아이들

교남스중창단: 앉은 사람이 박태준, 왼쪽으로부터 현제명, 김태술, 권영화이다.

의 손을 일일이 잡아주며 함께 찬송가를 불렀다. 콧물을 훌쩍이는 아이의 코도 닦아주며 모여든 아이들이 지루하지 않게 이야기도 들려주었다. 뿐만 아니라 조금 큰 아이들에게는 읽고 쓰는 법도 가르치며 친절을 베풀었다. 그들의 노래 때문이었을까? 학생전도대원들이 다녀간 지역의 교회에서는 하나 둘 신자들이 늘어갔다. 몇 년 전 대구에서 태원 형과 함께 합창활동을 할 때에 비해서는 상당히 호응이 좋은 편이었다.

그러나 한편으로는 서양귀신 들린 것들이라며 비하하는 사람들은 여전히 있었다. 그들은 음악이 싫어서라기 보다 근본적으로 변화에 대한 두려움을 가진 사람들이었다.

"에이, 신식 학문이라고들 떠들더니 결국 광대노릇이나 가르치는 것이네 그려."

앵돌아가는 노인은 영 듣기 싫다는 듯 손자를 데리고 종종걸음으로 멀어졌다. 자녀의 입에서 전도대에 관한 말만 나와도 펄쩍 뛰며 으름장을 놓는 노인들이었다. 전도대원들의 태도를 마뜩찮아 하는 이들은 아이들의 바깥출입마저 단속했다. 가끔은 마을 사람들의 이러한 시선이 서운하기도 했지만 교남전도대원들은 불편한 내색 없이 더욱 더 복음 전파에 힘을 기울였다.

그러나 교남학생전도대원들이 오는 소리가 들리면 대부분의 아이들은 반갑게 맞으며 달려 나왔다. 음악! 그것은 참으로 위대한 언어였다. 말르서 소통이 이루어지지 않는 곳에서도 음악은 모든 이들의 공감을 자아내기에 충분했다.

4 동무 생각

태준은 숭실학교를 졸업하고 1921년 마산 창신 학교의 영어 겸 음악교사로 부임하게 되었다. 창신학교는 1908년 9월15일 호주 선교부에서 파견한 선교사 아담슨 (Andrew Adamson; 孫安路)과 지역의 뜻있는 기독교인들에 의해 설립되어 마산의 개화와 신교육의 보금자리였다. 태준과 창신학교의 만남은 이번이 처음이 아니었다. 1911년 11월 태준이 입학했던 계성학교에 운동부가 생겼을 때였다. 별도의 감독교사가 있지는 않았지만 야구, 축구 등 기본적인 운동을 시작하며 학생들 스스로 익혀나갔다. 연습할 때는 새끼줄이나 헌옷을 뭉쳐 둥근 공을 만들어 차고, 선교사들이 구해온 가죽 공은 정식 시합 때나 찰 수 있었다. 몇 년이 지나고 어느 정도 실력이 쌓여 다른 학교와도 경기를 해 볼 생각을 했지만 인근에는 마땅한 상대팀이 없었다. 수소문 끝에 마산 창신학교에 운동부가 있다는 것을 알아냈다. 창신학교 역시 1914년 경남 최초로 축구부와 야구부를 만들었기에 계성학교와 마찬가지로 신생팀이었다. 1915년 계성학교는 마산까지 가서 친선경기를 하였고, 이후 두 학교는 자주 운동 시합을 펼쳤다. 경기의 응원을 위해 창신학교와 계성학교는 악대를 동원했고 합창단까지 동원하여 그야말로 시끌벅적한 축제 분위기를 만들었다. 태준도 합창단의 일원으로 창신학교까지 찾아와 함께 열띤 응원을 한 적이 있었다. 1917년 태준이 평양 숭실학교 전도대의 단원으로 군산, 광주, 전주, 목포, 대구, 마산 등 각 지역을 다니며 전국 순회 연주를 할 때도 창신학교의 악대가 도움을 주었다. 줄곧 함께 다니면서 연주를 해주었던 것이다. 태준에게 창신학교는 낯설지 않은 곳이었다.

창신학교의 교육이념도 계성이나 숭실과 다르지 않았다. 건학 정신을 기독교적 훈련, 근대적 개화이념, 남녀평등과 민주주의 이념, 민족주의 의식의 고취 등에 두었던 것이다. 교직원과 학생들은 대부분 기독교인이었고 성향도 비슷해서 타 지역에서 온 태준 역시 쉽게 어울릴 수 있었다. 그 중에서 남들이 보면 죽마고우인줄 착각할 정도로 태준과 유독 친한 이가 있였으니 그가 바로 노산 이은상(鷺山 李殷相, 1903-1982)이었다. 이은상은 1903년 마산에서 기독교와 교육계의 지도자이자 사회의 봉사자였던 늘하 이승규 장로의 차남으로 태어났다. 이승규 장로는 창신학교의 설립자중 한 사람이었다. 1919년 12월 4일 일진회가 '한일합방'을 청원한다는 내용의 성명서를 발표하자 이승규는 기독교계를 대표하여 일진회의 성명에 반대하는 성명서를 발포하기도 할 정도로 나라를 위한 마음이 큰 사람이었다. 아버지를 보고 자라온 이은상의 애국심이 그와 다를 수 없었다. 태준과 시국에 대해 논할 때면 그 뜻이 같아 서로 어찌나 자기 속 같은지 감탄할 때도 종종 있었다. 부친의 권유로 창신학교 국어 교사로 봉직하고 있던 은상은 태준보다 3살이나 어렸지만 신념과 생각이 닮았기에 둘도 없이 죽이 잘 맞는 친구가 된 것이다. 태준은 고등과에서, 은상은 초등과에서 각각 가르쳤으나 둘은 서로 그림자처럼 붙어 다녔다. 두 사람은 문학과 음악, 정치, 사회, 인생에 이르는 문제까지 온갖 주제에 대해 밤이슬에 옷이 젖는 줄도 모르고 이야기를 주고받았다.

시간이 녹아내릴 것 같은 나른한 오후였다. 오랜 시간 흐르는 구름만 따라 시선을 움직이고 있던 태준은 이윽고 긴 한숨을 내어 쉬었다. 그가 숭실 학교를 졸업하던 해, 그리도 사랑하고 존경했던 형 박태원이 폐결핵을 이겨내지 못하고 하나님 곁으로 돌아갔다. 믿고 싶지 않은 일이었다. 한 통의 비보로 인해 함께 한 지난 나날들이 더욱 생생하게 추억되었지만 그럴수록 혼자만 남았다는 사실이 가슴 에이도록 아프게 느껴졌다. 하루아침에 핏줄을 잃은 태준의 슬픔은 말로 다 표현할 수 없을 정도로 컸다. 형과 함께 청라 언덕을 오르내리며 음악을 이야기하고 합창하던 시절도 마치 어제 일처럼 떠오르곤 했다.

"또 창밖을 내다보고 계시는구먼. 도대체 무슨 생각을 그리 골똘히 하는가? 그 한숨 때문에 땅이 꺼질까 걱정이오. 쯧쯧……."

은상은 애처롭다는 듯 태준에게 핀잔을 줬다.

"그냥 저 떠다니는 구름을 보고 있자니 이런 저런 생각이 들어서 그러오."

태준은 멋쩍은 듯 어색한 미소를 지어보였다.

"좋은 생각이 있네. 기분을 전환할 겸 월포 해수욕장 바다나 보러 가지 않겠나."

태준의 옆에 서서 말없이 머뭇거리던 은상은 갑자기 밝게 웃으며 정적을 깨트렸다. 짭짤한 바다 냄새가 월포 바닷가를 거니는 두 사람 코끝을 스쳤다. 부드러운 남풍을 기분 좋게 맞다가 모래사장에 털썩 앉아 서로 옛 시절 이야기를 꺼내었다.

철썩이는 파도 소리를 벗 삼아 고향풍경과 어릴 시절 이야기가 나오자 태준의 눈앞에는 동산동 동네가 보이는 것 같았다. 그때, 은상이 문득 장난스럽게 질문을 던졌다.

"박 선생, 자네도 첫사랑이 있었지?"

남녀의 만남이 자유롭지 못하던 시절이었기에 첫사랑이니 연인이니 하는 말이 조심스러웠지만 워낙 친한 둘은 어떤 이야기도 숨기고 감출 것이 없었다.

"이 선생도 참, 싱겁긴······."

태준은 어색한 나머지 대충 웃음으로 무마하려했지만 목소리에는 떨림이 있었다. 호기심이 생긴 은상은 장난기마저 발동이 되었다.

"어떤 여성이었나? 오늘은 첫사랑 이야기 좀 들려주오."

한동안 가슴 속에 묻어두어야 했던 추억이었기에 누군가에게도 이야기를 꺼낸 적이 없었다. 그러나 자꾸만 채근하는 은상의 고집을 꺾을 수가 없었다.

"대구에 신명이라는 명문 고등학교를 들어 본 적이 있는가?"

"신명학교?"

태준은 오랜만에 시계 바늘을 4년 전 그 시절로 되 돌렸다.

"그녀는 신명학교에 다니던 여학생이었다네. 첫눈에 반했지. 피부가 백옥처럼 희어서 꼭 한 송이 백합화를 보는 것 같앉어. 어찌나 곱고 아름답던지, 절세미인이란 그녀를 두고 한 말이겠구나 싶었다네. 유인경이라는 이름을 가졌었는데, 내가 처음 그녀를 봤을 때 한참 동안이나 멍한 채로 있었던 기억이 나네. 게다가 가슴까지 뛰었으니, 아마도 내가 잠시 딴 세상을 다녀왔다는 느낌이었지."

"그 정도로 아름다웠다니 정말 궁금하네 그려. 대구에는 미인이 많다는 소문이 있던데 사실인가 보군, 허허."

첫사랑 이야기는 서랍장 속 숨겨놓은 일기장처럼 꺼내놓기가 쑥스러운 법이지만, 한 번 꺼내놓고 보니 그 시절의 풍경이 박 덩굴처럼 이어지며 펼쳐졌다. 태준은 이야기를 하고 있는 자신에게도 놀랄 정도였다. 그렇게 그 시절을 생생하게 기억하고 있을 줄은 스스로도 몰랐던 것이다. 지금이라도 돌아가면 청라 언덕으로 올라가는 90계단의 끄트머리에서 유인경이 빨리 오라며 손짓을 하고 있을 것만 같았다.

"지금은 많이 변했을 거야. 그 때 일본으로 유학을 떠난다고 했으니……."

태준은 이야기를 하다말고 벌떡 일어섰다.

"미안하네. 아무래도 먼저 들어가 봐야 할 것 같아서…… 자세한 이야기는 내일 다시 하겠네."

뜬금없는 자신의 행동에 당황해 하는 은상을 뒤로 하고 태준은 하숙집을 향해 달렸다. 방금 막 떠오른 악상이 머릿속에서 사라질까 걱정이었던 것이다. 뛰어오느라 바람에 날린 머리카락이 헝클어진 줄도 모르고 태준은 책상 앞에 앉았다. 그리고 미친 듯이 악보를 그렸다. 오선지에는 유인경이 웃고 있었다. 청라 언덕의 푸르름을 뒤로 한 채 그녀는 태준을 향해 뭔가 말을 건넸고, 그는 정신없이 그것을 받아 적었다. 얼마나 지났을까? 태준이 정신을 차렸을 때는 이미 새벽이었고, 그는 책상에 엎드려져 있는 자신을 발견했을 뿐이었다.

다음날, 태준은 은상에게 물었다.
"자네 혹시 어제 내가 하던 이야기, 마저 듣고 싶지 않은가?"
태준은 은상의 대답을 듣기도 전에 피아노 뚜껑부터 열었다. 그가 펼친 것은 어젯밤 꿈결에 그려낸 악보였다. 그리고 마치 신이라도 들린 듯 눈을 감고 건반을 두드리기 시작했다. 한참이나 그렇게 자신의 연주에 도취해 있던 태준이 피아노 뚜껑을 닫으며 은상을 쳐다봤다.
"어때, 내 이야기 재미있지 않은가?"
은상은 빙긋이 웃으며 태준의 손에서 악보를 낚아챘다.
"잠깐만 기다려보게. 이젠 내 차례일세. 자네에게 들은 이야기, 그 곡조에 맞춰 적어 볼테니 맘에 드는지 한번 기다려 보게나."

피아노 앞의 박태준.

은상은 그 자리에서 시를 쓰기 시작했다. 단숨에 써 낸 시는 곡조에 따라 다귀가 똑똑 맞아 떨어졌고, 청라 언덕에서 만났던 그 소녀는 "사우(思友)"라는 제목의 노래로 변신하여 세상에 다시 태어났다. 은상은 태준의 이야기를 사계절로 나누어 전개를 했고, 마치 한 편의 영화를 만들듯 철 따라 변화하는 시간을 향수로 담았다.

봄의 교향악이 울려 퍼지는 청라 언덕 위에 백합 필 적에
나는 흰 나리꽃 향내 맡으며 너를 위해 노래 노래 부른다
청라 언덕과 같은 내 맘에 백합 같은 내 동무야
네가 내게서 피어날 적엔 모든 슬픔이 사라진다

더운 백사장에 밀려들오는 저녁 조수 위에 흰새 뜰 적에
나는 멀리 산천 바라보면서 너를 위해 노래 노래 부른다
저녁 조수와 같은 내 맘에 흰새 같은 내 동무야
네가 내 위어 뛰놀 때에는 모든 슬픔이 사라진다.

서리바람 부는 낙엽 동산 속 꽃진 연당에서 금새 될 적에
나는 깊이 물속 굽어보면서 너를 위해 노래 노래 부른다
꽃진 연당과 같은 내 맘에 금새 같은 내 동무야
네가 내게서 뛰놀 때에는 모든 슬픔이 사라진다

소리 없이 오는 눈빛 사이로 밤의 장안에서 가등 빛날 때
나는 깊이 성궁 쳐다보면서 너를 위해 노래 노래 부른다
밤의 장안과 같은 내 맘에 가등 같은 내 동무야
네가 내게서 빛날 때에는 모든 슬픔이 사라진다.

    둘은 피아노 반주에 맞추어 몇 번이고 노래를 불렀다. 전반부는 단순한 리듬과 함께 도약이 자주 보이는 선율로 흐를 때만 해도 별 감흥을 얻지 못했다. 그러나 뒷부분으로 가면서 4/4 박자의 흐름이 갑자기 9/8 박자로 바뀌었을 때는 감정을 주체하기가 힘들 정도였다. 백합 같은 동무를 부르며 "네가 내게서 피어날 적엔 모든 슬픔이 사라진다"는 대목에 이르러서는 둘이서 어깨를 감싸 안고 눈물을 짓기도 했다. 우리나라 국민이라면 누구나 중 고등학교 음악 시간에 배워서 애창했던 불멸의 가곡「동무 생각」은 이렇게 태어난 것이다. 박태준의 나이 21세이던 1922년이었다. 원래 "사우(思友)"로 지어진 제목은 뒷날 쉽게 풀어서「동무 생각」으로 바꾸어졌다.

사우(思友) 혹은 동무 생각의 전반부.

5 오빠 생각

사랑이 노래를 실은 것인지 노래가 사랑을 실은 것인지 알 수 없으나,「동무 생각」은 순식간에 퍼져 나가 많은 사람들의 애창곡이 되었다. 평소에 사촌 오빠 이은상의 시를 좋아하던 문학소녀 김봉렬이 이 노래의 열렬 팬이 된 것도 자연스러운 일이었다. 이은상은 친구 박태준에게 사촌 여동생 김봉렬을 소개했다. 누구보다 아끼던 사촌 누이동생 김봉렬이야말로 「동무 생각」의 진정한 주인공이 될 수 있으리라고 믿었던 것이다. 천생연분이었을까? 예상대로 그들은 급속히 가까워졌다. 방학이 되어서 태준은 대구로 올라가게 되었지만 둘의 사랑은 오히려 대구와 마산을 오가며 무르익어갔다. 결혼식 날짜도 잡혔다. 대구의 친구들과 계성학교의 은사님을 찾아뵙는 등

여러 지인들에게 혼인 소식을 알리고 다니느라 남은 방학도 바쁘게 보냈다.

드디어 결혼식 날이다. 혼례는 신부의 집이 있는 마산의 창신교회에서 예정되어 있어 식구들은 이미 아침 일찍이 마산으로 떠났다. 그런데 이게 웬일인가? 시내에서 남은 볼 일을 보고 대구역에 도착해보니 이미 기차는 떠나버리고 없었다. 덩그러니 빈 철길이 눈에 들어오자 난감해진 태준은 어쩔 줄 몰랐다. 결혼식이 오후 4시로 예정되어 있었으니, 다음 열차로 간다한들 한 시간 이상 늦을 게 뻔했다. 어떻게 한단 말인가. 애타는 마음에 발만 동동 굴려보지만 다음 열차를 기다리는 도리 밖에 뾰쪽한 수가 없었다. 그 시간, 마산에서는 결혼식 준비가 한창이었다. 노릇노릇하게 전 굽는 냄새가 입구까지 퍼져서 잔치집이라는 것을 말해주고 있었다. 신부인 봉렬은 곱게 단장하고 신랑이 오길 기다렸고 마을 어른들과 친지들은 교회 마당에 모여 이야기꽃을 피우고 있었다. 신랑감에 대한 칭찬이며 곱게 자란 신부에 대한 자랑도 이어졌다. 그러나 결혼식을 하기로 한 오후 4시가 되었지만 신랑인 태준의 얼굴이 보이지 않았다. 예정된 시간이 훨씬 지나도 나타날 기미가 없었다. 그저 먼 길이라 조금 늦으려니, 하고 기다리던 어른들의 얼굴에는 노여운 빛이 나타나기 시작했다.

"혼사를 치르는 날에 당사자인 신랑이 오질 않다니 대체 무슨 일이냐?"

"오늘이 결혼식 날이 아니더냐? 대체 얼마나 더 기다려야 한단 말인가!"

중신애비였던 이은상에게 역정을 내는 친척 어른들이 한두 명이 아니었다. 웅성거리는 소란 속에 '애초에 신랑이 혼인할 마음이 없었던 게 아니냐?'는 소리까지 나왔다. 신부는 그만 울상이 되었고 태준의 식구들은 속이 바짝 타들어가서 새까맣게 변한지 오래였다. 삽시간에 결혼식장은 초상이라도 난 집처럼 어수선해졌다. 기다리다 지친 손님들은 집으로 돌아가기까지 했다. 해가 서산으로 기울기 시작했을 때야 누군가가 소리쳤다.

"저기, 저기 신랑이 옵니다!"

멀리 골목길 끝에서 지친 몸을 한 청년이 죽을힘을 다해 다급하게 뛰어오고 있었다. 박태준이었다. 태준은 은상에게 자초지종을 말하며 어른들에게 정말 죄송하다며 사과를 드리고 바로 서둘러 혼례식을 올렸다.

"어휴, 기차 안에서 내달렸는데도 이렇게 늦었네……."

속이 까맣게 타들어갔을 친구 은상에게 건넨 미안함의 표시였다.

"예끼 이 사람, 도둑장가를 드는 것도 아니고 이 밤에 혼례라니, 쯧쯧"

은상은 친구 태준에게 밉다는 듯 눈을 흘겼다. 순간 여기저기에서 웃음소리가 터져 나왔다. 태준의 얼굴은 금세 벌겋게 달아올랐지만 좋아 죽겠다는 듯, 행복함을 감추지 않았다.

우여곡절 끝에 두 사람은 인생의 동반자가 되었다. 그리고 1925년에 마산에서 돌아와 모교인 계성학교에서 후배들에게 영어와 음악을 가르치게 되었다. 그 해 겨울, 아내 김봉렬은 태준에게 잡지 한권을 내 밀었다.『어린이』라는 소파 방정환 선생이 만들어내는 잡지였다. 이미 그녀의 두 눈은 퉁퉁 부어 있었다.

"아니, 여보. 대체 무슨 일이오?"
깜짝 놀란 태준에게 아내가 보여 준 것은「오빠 생각」이라는 동시였다.
"세상에, 이제 겨우 11살 난 어린애가 어떻게 이런 시를 쓸 수 있을까요?"
그것은 최순애라는 소녀의 작품이었다. '뜸북뜸북 뜸북새 논에서 울고 …….' 첫 연을 읽어 내리자 태준의 머릿속도 새 하얗게 되면서 가슴 속은 애잔함으로 가득 차올랐다.

뜸북뜸북 뜸북새 논에서 울고 / 뻐꾹뻐꾹 뻐꾹새 숲에서 울 제

박태준과 김봉룡 부부의 신혼 초.

우리 오빠 말 타고 서울 가시며 / 비단구두 사가지고 오신다더니
기럭기럭 기러기 북에서 오고 / 귀뚤귀뚤 귀뚜라미 슬피 울건만
서울 가신 오빠는 소식도 없고 / 나뭇잎만 우수수 떨어집니다

차분하게 읽어 내려가던 태준의 머릿속에는 악상이 떠올랐다. 더 이상 기다릴 수가 없었다. 태준은 서둘러 오선지를 꺼냈고, 연신 '오빠 생각, 오빠 생각'하고 중얼거렸다. 문득, 소녀 최순애의 모습을 상상해보기도 했다. 아마도 그 소녀는 동그랗고 귀여운 얼굴에다 긴 머리카락을 예쁘게 땋았을 터였다. 그리고 날마다 서울 간 오빠를 애타게 그리워했을 것이다. 생각이 거기까지 이르자 태준의 머릿속에는 애잔한 선율이 흘렀다. 발로 박자를 맞추며 피아노 건반으로 선율을 다듬으지 얼마가 지났을 무렵,「오빠 생각」은 드디어 한편의 동요가 되어 세상에 나왔다. 이 동요의 탄생을 누구보다 기뻐한 사람은 아내 김봉렬이었다. 부르고 또 불러도 지치지 않는다는 듯, 참으로 행복한 모습이었다. 8분의 6박자의 노랫가락에 나타난 애상조의 멜로디를 가진 동요「오빠 생각」은 순식간에 전국으로 퍼져나갔다. 부를만한 노래가 많지 않았던 시절인지라, 오빠를 기다리는 애틋한 사연은 여러 사람들의 심금을 울렸던 것이다. 아이들뿐만 아니라 어른들까지도 이 곡을 모르는 사람이 없을 정도였다. 일종의 유행가가 된 셈이었다. 거기에는 왠지 모르

게 마음 속 가득히 흐르는 슬픈 정서가 애틋하게 배어 있었다. 노래 속의 오빠는 어디로 가서 돌아오지 않는 걸까? 어린 누이동생에게 비단구두를 사가지고 온다고 약속했으면서 그는 왜 나뭇잎만 우수수 떨어지는 찬바람 불 때가 되어도 돌아오지 않는 것일까? 사람들은 일제 때문에 살기 어려워진 민족의 현실을 노래에 대입시키기 시작한 것이다. 오빠는 독립 운동을 하는 만주벌판, 넓은 대륙 중국, 어쩌면 먹을거리를 구하기 위해 이 땅 어딘가를 떠돌고 있을 수도 있을 터였다. 선물 역시 나라의 독립, 잘 살 수 있는 권리일 수도 있었다. 사람들은 곡을 따라 부르면서 오빠가 가져다줄 그 무엇을 꿈꾸고 있었다. 정확히 어떤 형태의 것이라고 말할 수는 없지만 분명 희망과 관련된 지금 보다 나은 현실을 선사해줄 것이라고 믿었다. 덕분에 박태준과 최순애의 이름도 널리 알려지게 되었다. 태준이 비록 최순애를 직접 만나보지는 못했지만, 그녀가 훗날 아동 문학가 이원수의 아내가 되었다는 소식을 전해들은 것은 한참 후였다. 그러나 「오빠 생각」이 전국적으로 폭발적인 인기를 끌게 되자 일제는 이를 금지곡으로 분류하고 말았다.

　문학적 감수성이 강한 아내 봉렬은 태준에게 끊임없는 시적 영감을 주었다.
　"여보, 당신은 나귀타고 장에 가시던 아버지나 돌떡 받아

최순애의 시 "오빠 생각"을 동요로 작곡하도록 한 것은
아내 김봉렬의 권유 덕분이었다.

머리에 이고 오시던 할머니 모습이 그려지세요?"

사실 어린 시절을 도시에서 보냈던 태준에게 이런 풍경이 쉽게 다가오는 것은 아니었다. 그러나 고향에 대한 향수는 누구에게나 있는 법. 게다가 일제의 폭력과 탄압은 태준으로 하여금 더욱 고향의 냄새와 고향의 빛깔을 그리워하게 했다. 이번에 아내가 내민 것은 윤석중의 동시였다. 태준에게 들어보라며 소리 내어 읽는 아내의 모습은 그렇게 행복해 보일 수가 없었다. 태준의 동요 「맴맴」에는 그렇게 하여 서정성 가득한 고향 냄새와 더불어 아내의 웃는 모습까지 가득 담기게 되었다.

총독부의 관리가 학교로 찾아와 일본 창가를 제대로 가르치지 않는다며 시비를 걸기 시작한 것은 이런 노래들이 대중들에게 크게 인기를 얻기 시작하고 부터였다. 때맞추어 조선총독부가 발행한 음악 교과서는 군가와 일본을 예찬하는 곡의 비중이 점차 늘어졌고, 서양 음악 대신 일본의 전통 음악을 바탕으로 만든 곡들이 늘어났다. 가사 마저도 한국어는 점점 줄어들었고 나중에는 전부 일본어로 바뀌면서 한국인 작곡의 곡들은 아예 사라져 버리고 말았다. 우리 전통 가락을 바탕으로 하여 만든 몇 안되는 창가조차 없어졌다. 일본을 배척하는 낌새가 조금이라도 보이는 애국적인 노래는 모두 금지가 되었다. 총독부가 「오빠 생각」을 가르치지도 부르지도 못하게 한 것은 오로지 정치적 이유 때문이었다. 그러나 일본의 음흉하고도 노골적인 압박이 태준의 타오르는 창작욕을 막을 수는 없었다. 그가 쓴 총 150여 곡의 작품 가운데 절반이 이 시기에 작곡되었을 정도였다. 『중중 때때중』과 『양양 범버궁』이라는 동요집을 발간하기도 하고 합창과 악대활동에도 더욱 정열을 쏟았. 그러면서도 태준은 항상 자신의 음악에 대해 여전히 불만스러웠다. 음악적으로 전문성이 떨어지고 기교적으로도 유치하다며 스스로 부끄러워했다. 그럼에도 불구하고 이처럼 창작활동을 게을리 하지 않은 것은, 그것이 곧 우리나라의 전반적인 음악 수준을 향상시키기 위한 초석이라고 믿었기 때문이었다. 태준은 계성학교의 교사로 재직하는 중이었지만 틈이 날 때마다 숭실전문학교를 찾아갔다. 1929년에 숭실학교에 새로 부임한 말스베리(D. R. Malsbary, 마두원) 음악교수를 만나기 위해서였다. 말스베리 교수는 미국 캘리포니아 출신의 선교사로 피아니스트이자 작곡가였다. 태준은 그에게서 화성학과 대위법 지도를 받으며 새로운 음악세계를 열어가고 있었다.

6 세 동무

태준의 첫 번째 작품집 『중중 때때중』의 제목은 시인 윤복진의 동시 제목이기도 했다. 윤복진은 1907년 1월 9일 대구에서 출생하여 태준과는 같은 동네에서 자랐다. 제일교회 시절 성가대 리더로 활약하던 태준과 성가대원이었던 윤복진은 7살 차이가 나긴 했지만 그들의 우정은 남달리 각별했다. 글쓰기 좋아하던 윤복진과 음악을 좋아하던 태준의 인연은 시인과 작곡가의 만남이었다.

"태준 형, 자, 오늘은 이 시를 한번 읽어 봐주시오."

"「물새 발자욱」이라. 오호, 정말 멋있는데? 가침 내일 모레 학생들을 데리고 진해로 수학여행을 가게 되었는데, 그곳 바닷가에서 다시 한 번 읊어봐야겠네. 그래야 제 맛이 날 게 아닌가?"

태준은 학생들을 데리고 모래사장을 따라 산책을 나섰다. 하얀 모래 위에는 마치 꼭꼭 눌러 찍은 듯한 발자국이 생겨났다. 그러자 파도가 살짝 다가와서 지우고 사라져 버리기를 반복했다. 태준은 그 자리에 머문 채 눈을 감고 악상을 그려내기 위해 콧노래를 시작했다. 어린 아이의 천진난만한 웃음소리가 오버랩되어 오는 듯 했다. 그에게는 이처럼 시간과 공간을 쉽게 넘나들 수 있는 남다른 상상력이 있었다. 그런 후에 악상을 오선지에 옮기는 데는 15분이 채 걸리지 않았다.

> 해 저문 바닷가에 물새 발자욱 / 지나가던 실바람이 어루만져요
> 그 발자국 예쁘다 어루만져요

> 하이얀 모래밭에 물새 발자욱 / 바닷물이 사아르르 어루만져요
> 그 발자국 귀엽다 어루만져요

윤복진은 이은상과 더불어 태준에게는 참으로 귀한 친구였다. 태준이 자리를 주선하여 셋은 마산과 대구를 오가며 자주 만났다. 낯설어 하던 윤복진과 이은상은 서로의 문학 이야기로 말문을 틔웠고, 더구나 무거운 인생론까지도 전개할 수 있게 되었다. 더구나 문학과 음악이 언제나 그들의 화제였으니

세 사람의 만남 자체가 바로 즐거운 예술이기도 했다. 세 사람은 마산과 대구를 오가며, 때로는 밤기차를 타고 함께 여행을 가는 등 끈끈한 우정을 쌓아갔다. 그러나 복진은 이처럼 서정적인 시심(詩心)을 갖고 있음에도 불구하고 은상과는 전혀 다른 문학적 성격을 띠고 이었다.

"우리가 처해진 현실을 제대로 봐야 한다구. 평등하고 이상적인 사회를 만들려면 노동자 농민계급이 사회를 이끌어 나가도록 도와줘야 해. 식민지 현실을 극복하기 위해서는 투쟁에 초점을 맞추고 치열한 싸움의 뜻을 담고 있지 않다면 그건 문학이라고 할 수가 없어."

복진은 성격마저 급해 한번 열변을 토하면 밤이 새도록 지칠 줄을 몰랐다. 그렇다고 가만있을 은상이 아니었다.

"무슨 소리하는가? 난 그 따위 계급문학에 동의 못하겠네. 중요한 것은 그런 계급문제가 아니라 순수한 민족의 혼이야. 지금은 우리 민족문학의 전통을 찾는 것이 가장 급선무일세. 일제의 지배 아래 점차 쇠퇴하여 가는 우리의 문화를 붙들어 시들어 가는 민족혼을 되살려야해."

세 사람의 만남은 예술을 통한 것이었지만, 어느 사이엔가 이념이 그 틈을 비집고 들어오기 시작한 것이다. 그 틈은 예상보다 컸다. 사소한 이견에 지나지 않아 하루 이틀 지나면 없어질 것이라고 생각했던 문제들이 점점 더 커지기 시작했다. 평소에는 세 사람이 죽이 잘 맞아 서로 웃음이 떠날 줄을 몰랐지만, 이념 문제만 나오면 그것은 곧 심각한 논쟁으로 이어졌다. 복진은 그 당시 이미 사회주의를 표방하는 KAPF라고 하는 '조선 프롤레타리아 예술가 동맹(Korea Artista Proleta Federatio)'에 가입하여 열심히 활동하고 있었다. 여기에 맞서 우리 문학의 전통적인 의식세계를 살려내야 한다는 입장이 국민문학운동이었다. 우리의 고시가 형식 중에서 가장 전통적 현대적으로 되살리자는 움직임의 한 가운데 이은상이 있었던 것이다. 1930년 1월, 복진은 사회주의적 색채가 뚜렷한 「스무 하루 밤」으로 《조선일보》의 신춘문예에 당선되었다. 동시에 있어서 윤복진의 시대라고 할 만큼 그의 작품 활동은 왕성했다. 「별따러 가세」·「종달새」·「바닷가에서」·「각씨님」 등의 동요가 《어린이》지에 연달아 발표가 되었고, 동아일보, 시대일보 등에도 이미 선을 보였기에 조선일보 신춘문예는 특별한 일이 아닐 수도 있었다.

그러나 태준이 복진에게서 읽어낸 것은 이념이 아니라 순수한 서정성이었다. 몇 년 전 숭실 시절 태준은 이미 복진에게서 시를 받아 「기러기」를 작곡한 적도 있었다. 거기서 등장했던 어머니는 「스무 하루밤」의 어머니와는 사뭇 다른 성격이었지만, 태준에게 있어서 '어머니'는 그저 '어머니', 이름만 들어도 눈물 나는, 그 이상도 이하도 아닌, 순수한 '어머니'일 뿐이었던 것이다.

> 스무 하루 이 밤은 월급 타는 밤 / 실 뽑는 어머니가 월급 타는 밤
> 버드나무 숲 위에 높은 굴뚝엔 / 동짓달 조각달은 밝아 오는데
> 어머니는 어디 가 무엇하시고 / 이 밤이 깊어 가도 아니 오실까.
> (윤복진, 「스무 하루 밤」)

"진심으로 축하하네. 조선일보 신춘문예라면 우리나라 최고의 시인 등용문이 아닌가? 자네가 정말 자랑스럽네."

복진의 등단을 축하하기 위해 모처럼 같이 만날 약속을 하고 모였건만, 태준의 진심어린 축하의 인사에 은상은 웬 호들갑이냐는 표정으로 시큰둥했다. 은상의 그런 태도를 복진이 모를 리 없었으나 그것은 이미 두 사람 사이의 감정문제는 아니었다.

"자, 저녁 시간까지는 시간이 좀 있으니 내가 지휘하는 제일교회 성가대의 연습에 잠깐만 들러주겠나? 구경도 할 겸, 거기서 반시간만 기다려 주게. 비록 연습이기는 하지만, 괜찮은 곡이니 들을 만 할 걸세."

사실 태준의 초대에 반대할 이유는 없었지만, 모처럼 시간을 내어서 모인 은상과 복진에게는 의외였다. 그러나 그것은

6. 세 동무 87

태준의 의도된 초대였음을 그들이 알 리가 없었다. 태준의 지휘가 시작되고 성가대원들의 발성연습에 이어 본격적인 합창이 시작되었다. 그러나 그 소리는 차마 음악이라고 할 수 없을 정도였다. 소프라노의 소리가 너무 크다 싶더니, 어느새 테너가 소리를 지르고 있었다. 음정이 맞지 않는 것은 두 번째 문제였다. 베이스가 타령조로 느리게 부르는가 했더니, 앨토는 마치 왈츠 무대를 위해 준비하는 듯 했다. 피아노는 아예 자기 멋 대로였다. 화음은 이미 무너진 지 오래고, 도대체 지휘자인 태준은 무엇을 하는 건지 알 수가 없었다. 당황한 두 사람은 태준을 바라보았지만 그는 여유롭게 미소만 지을 뿐이었다. 이번에는 각 파트 모두가 강약의 조절도 없이 있는 대로 힘껏 소리 내어 노래를 부르기 시작했다. 도저히 더 이상은 참기가 어려웠다. 아무리 음악의 문외한이라지만, 또 아무리 연습이라지만, 사람을 초대해놓고 이럴 수는 없는 일이었다. 어수선해진 걸 보니 연습이 끝난 모양이었다.

"고맙네, 기다려 줘서."

식당에 자리를 잡은 태준의 태도는 능청스럽다고 해야 할 정도였다. 마치 아무런 일도 없었다는 표정이었다.

"아니, 형님은 우리를 놀리시려는 게요?"

다혈질인 복진이 참지 못하고 성질을 부렸다.

"도대체 형님은 음악 전문가가 맞기나 한 건가요? 그걸 합창이라고……."

"이야~, 대단하신데? 음악 평론까지 하시다니. 합창 소리가 별로 맘에 들지 않았던 게로군……."

"미안하지만, 자네 합창단은 기초부터 연습해야 할 것 같던데?"

은상이 점잖게 한마디 거들었다.

"좋네. 그렇다면, 구체적으로 무엇이 맘에 들지 않는지 설명을 해보게. 내가 겸손히 받아들여 고칠 터이니."

"아니, 정말 모르고 계신단 말이오?"

무슨 소린지 모르겠다는 표정을 짓고 있는 태준을 보고 복진은 기가 막힌다는 듯 언성을 높이기 시작했다.

"합창단원들이 마치 경쟁적으로 자기 목소리를 자랑하고 있더군. 그러니 합창의 어울림은 간 데 없고 소란스럽기만 했단 말이오. 원, 괴로워서 참을 수가 없더군."

"그게 합창이라면 일찌감치 그만 두는 게 나을 듯한데?"

은상의 말에서도 한심하다는 듯 비아냥이 묻어나왔다.

저녁 식사가 끝나갈 무렵, 태준은 자세를 고쳐 앉았다.

"맞아, 바로 그거라네. 자네들 말대로 합창의 기본은 화음이라네. 화음을 만들어 내기 위해서는 남에 대한 배려가 가장 중요하지. 옆 사람이 무슨 소리를 내는지 알아채고 자기 목소리를 거기에 맞추려는 노력이 있어야 합창이 가능하단 말일세. 실력 있는 솔리스트들이 많이 모인다고 해서 반드시 아름다운 합창이 이루어지지 않는 이유가 거기에 있네. 각자가 자기 소리만 내게 되면 당연히 화음이 깨지고 소리는 소음이 되게 마련이지."

"아니, 잘 알고 있으면서 어떻게 그런……?"

은상과 복진이 의아한 표정으로 태준을 바라보았다.

"미안하네. 난 자네들에게 꼭 들려주고 싶었던 말이 있어서 그런 연극을 벌였네. 나는 예술이 그러하듯이, 우리 민족의 독립과 자주도 그렇게 이루어져야 한다고 믿네. 마치 화음을 찾기 위해 애쓰는 합창단의 마음으로 말일세. 화음을 만들어 내기 위한 우리끼리의 노력도 없이 어떻게 독립운동이 가능할까 싶네. 민족과 예술을 논하기 전에 먼저 두 사람부터 화해를 하게. 오늘 합창 연습이 듣기 힘들었다면 미안하네. 그러나 사실 요 근래 자네들의 모습 또한 이와 마찬가지가 아닌가? 매일 만나면 다투기 급급하지 않는가?"

"……."

"서로가 말하는 사상이야 다르긴 하지만 원하는 뜻은 같지 아니한가? 민족애를 잃지 않고 이 어려운 현실에서 벗어나 해방을 꿈꾸는 것 아닌가? 민족의식의 확립이나 계급의식의 타파나 결국은 우리 민족의 미래를 위한 동전의 양면 아닌가?

그러니 우리는 틀림없는 동지들일세. 이만 화해하고 서로를 좀 배려해주기 바라네. 부탁하네."

태준의 간곡한 요청에 두 사람은 말이 없었다. 이은상과 윤복진은 머쓱하게 웃더니 악수를 하였다. 처음부터 세 사람 사이에 대립과 충돌은 어울리지 않는 존재였다. 어색함을 깨트릴 작정으로 은상이 복진에게 말을 건넸다.

"이렇게 셋이 만나 동지임을 확인하게 된 것도 인연인데 자네가 우리를 위해 멋진 시를 하나 써 주게."

"좋지. 작곡가도 있겠다, 노랫말로야 못할 것도 없지만, 은상 형이 좀 다듬어 준다면 지어보리다."

"내 간섭이 자네의 글 솜씨를 망치지만 않는다면야……."

오동나무 비바람에 스치는 이 밤 / 그리웁던 세 동무가 모였습니다
이 비가 그치고 날이 밝으면 / 세동무도 흩어져 떠나 갑니다

오늘 밤엔 귀뚜라미 우는 소리도 / 마디마디 비에 젖어 눈물 납니다
문풍지 비바람에 스치는 이 밤 / 그리웁던 세 동무가 모였습니다.[1]

세 사람의 우정은 죽을 때까지 영원히 지속될 것만 같았다.

---

1) 원래 이 시는 윤복진이 윤석중, 신고송, 서덕출과 함께 "슬픈 밤"이라는 제목으로 발표한 것으로 알려져 있기도 하다.

하지만 그들은 이미 스스로의 운명을 짐작이라도 하고 있었던 것일까?

"······이 비가 그치고 날이 밝으면 세 동무도 흩어져 떠나갑니다."

7

웨스트민스터 음디에서 만난 헨델

"자네, 미국에 가서 공부해 보지 않겠나?"

음악을 공부하기 위해 대구에서 평양까지를 멀다 하지 않고 찾아오는 태준의 열성에 감동한 말스베리(Dwight R. Malsbary) 교수의 제안이었다.

"감사한 말씀이긴 합니다만, 아직 준비가 되지 않아……."

"학비 문제라면 걱정말게. 모의리(E. M. Mowry) 교수와 맥큔(George McCune) 교장 선생님과도 이미 의논을 해 뒀네. 마침 미국 장로교에서 후원하는 장학 프로그램이 있어 자네를 추천하기로 말이야."

"감사합니다. 제게는 과분한 제안입니다만, 열심히 하겠습니다."

좋아 죽겠다는 표정으로 연신 고개를 꾸벅이며 감사의 인사를 마친 태준은 교정으로 뛰어나왔다. 기쁨을 감출 수 없었던지 자신도 모르게 소리쳤다.

"나는 간다!! 미국으로~~" "나는 간다!! 미국으로~~"

태준이 요코하마로 건너 가 미국행 기선을 타게 된 것은 만 31세가 되던 1932년이었다. 어릴 때부터 집념의 의지로 음악공부에 몰두하던 그의 유학길은 사실 스스로 개척했다고 해도 과언이 아니었다. 그러나 유학을 떠나기에 적지 않은 나이였고, 미국의 현지 사정 또한 그를 크게 환영하는 분위기는 아니었다. 지난해에 닥친 경제대공황이 세계를 휩쓸고 있었을 때였다. 2주 만에 샌프란시스코 항구에 도착한 태준은 거의 기진맥진의 상태였다. 짓궂은 날씨에 파도가 요동 칠 때마다 함께 따라 움직이는 배 때문에 속은 울렁거렸고, 싸구려 3등 선실은 탈진한 육체를 그리 조심스레 다뤄주는 것도 아니었다. 2주간의 항해 길에서 그는 두고 온 가족과 교회와 조국의 생각으로 머리는 더욱 복잡했다. 아까운 나이에 일찍 생을 마감한 태원 형에 대한 안타까움도 새삼 사무쳤다. Angel Island에서 검역을 받는 일은 그리 기분 좋은 일이 아니었다. 때로는 인종적 차별이 노골적으로 이루어지는 곳이기도 했고, 실제로 이틀이나 걸린 검역과 이민관련 업무가 끝난 후에야 겨우 샌프란시스코 땅을 밟을 수 있었다. 그러나 어려움이 크고, 앞에 놓인 방해물이 클수록 태준의 각오는 더욱 굳어졌다. 더 큰 세상으로 왔으니 반드시, 반드시, 형의 몫까지 다해 음악 공부를 제대로 하리라!

태준이 가야 할 학교는 테네시주 그린빌에 있는 터스컬럼(Tusclum) 대학이었다. 샌프란시스코에서 그레이하운드 버스를 타고 꼬박 일주일이나 달려서 도착을 할 수 있었다. 그린빌은 그레이트스모키 산맥 아래 자리 잡은 시골 마을로 주민이 3만 명도 되지 않는 곳이었다. 캠퍼스는 마을에 어울릴 만큼 자그마하고 아름다웠고, 1794년에 세워져 테네시 주에서 가장 오래된 사립대학으로 역사를 자랑하고 있었다. 그러나 워낙 동양 사람이 귀할 때라 태준이 길거리에 나서기만 하면 구경꾼들이 모여들었다. 검은 머리에 노란빛 피부를 하고 체구가 자그마한 태준은 언제나 호기심의 대상이기도 했다. 미국 아이들의 경우 말을 걸었다가 대답을 하기도 전에 쪼르륵 도망가기도 하고 살그머니 졸졸 뒤따라 다니며 장난을 치기도 했다. 당시 한국에서 서양인 선교사가 길을 다니면 아이들이 꽁무니에 달라붙어 구경하던 것과 마찬가지였다.

"허허, 이거 참. 어릴 때 친구들이 선교사들을 파란 눈의 나쁜 귀신쯤으로 여겼는데 여기 오니 본의 아니게 내가 동양 귀신이 되고 말았구나……."

그러나 그런 장애물쯤이야 뛰어 넘는 게 큰 문제가 아니었다. 학교에서는 채플에서, 그리고 주일날에는 시내에 있는 교회에서 피아노 연주도 하고 자신이 작곡한 노래를 불러주기도 하면서 미국인들과 신뢰를 쌓는데 그리 많은 시간이 걸리지 않았다. 음악 앞에서 마음의 문을 닫아두는 사람들은 그리 많지 않았다. 그들은 쉽게 감동을 했고, 동양에서 온 "다르게 생긴" 태준의 적극적인 후원자가 되었다. 태준은 혼신의 힘을 다해 학업에 충실했고, 식당에서 접시 닦는 아르바이트도 기쁜 마음으로 했다. 그 결과, 별 고생 없이 학교 공부를 할 수 있었고, 2년 만에 졸업장을 가질 수 있었다. 1933년 6월 터스컬럼 대학 영문학으로 학사과정을 마친 것이다.

진짜 공부는 지금부터였다. 프리스톤에 있는 웨스트민스터 콰이어 음악대학(Westminster Choir College)에 진학하기 위해 뉴저지로 옮겼다. 그러나 쉽지 않았다. 장벽은 의외로 높았고, 그들은 낯선 동양 사람에게 그리 호의적이지 않았다. 입학시험에 두 번이나 낙방을 했다. 참으로 긴 시간이었다. 낙심하여 한국으로 돌아가겠다고 짐을 꾸린 게 몇 번인지 알 수 없을 만큼 많았다. 그러나 태준은 견뎌냈다. 연약해지는 자신을 채찍질하며 더 열심히 공부를 하며 준비한 끝에 3학년으로 편입

할 수 있었다. 날아갈 듯한 기분이었다. 웨스트민스터 음악대학은 교회 음악과 합창으로 세계적으로 유명한 학교였다. 세계를 순회하면서 공연을 다니는 전속 합창단도 거느리고 있었다. 그 합창단에 가입하는 것은 태준의 꿈이었다. 역시 쉬운 일이 아니었다. 여러 차례 응시했으나 그 때마다 불합격이었다.

"아직 내 실력이 많이 부족하단 소리겠지. 하지만 여기서 멈출 수는 없는 일이다. 내게는 조국에 돌아가서 가르쳐야 할 미래가 있으니 결코 포기하지 않으리라!'

기대가 너무 컸던 것일까? 이 합창단에는 사실 미국인 학생들도 첫 학기에 합격하는 학생은 없을 만큼 입단의 요건이 까다롭고 엄격하다고 했다. 의지의 사나이 태준은 기다렸다. 땀 흘려 연습하며 기회를 기다렸다. 두 번이나 면접 대상으로 뽑혔으나 결국 낙방을 했다. 만약 합창단에 들어가지 못하면 이 때까지의 미국 유학생활도 모두 물거품이나 마찬가지였다. 실습이 없는 이론 수업은 태준에게 의미 없는 일이었다. 슬럼프에 빠졌다.

"아, 아! 실력도 더 이상 느는 것 같지 않고 자신이 점점 없어지는구나. 이대로 잊혀지는 것이 아닐까? 하나님께서 지금까지 미국 생활을 순탄하게 풀어주셔서 감사했는데, 이제 다시 큰 시련을 주시는구나. 오, 주여! 어찌하면 좋습니까……."

가족도 친구도, 의지 할 곳 하나 없는 먼 이국땅에서 맞는 추운 겨울이었다. 하나님에게서 조차 버림 받았다고 느껴진 태준은 며칠을 괴로워하며 절망했다. 머리는 어지럽고 피로가 겹겹이 쌓이기 시작했다. 온 몸에 열이 끓어오르는 듯 했다. 그가 안식을 찾아 택한 곳은 뉴욕의 12번가에 자리 잡은 First Presbyterian Church였다. 해마다 크리스마스 때면 메시야 연주로 유명한 교회였다. 몸을 녹이고 있던 태준에게 들려오는 연주는 이미 친숙한 것이었다. 어린 시절 유성기판을 들으며 열병을 앓았던 그 곡이 아니었던가? 헨델의 메시아! 어찌 태준이 잊을 수 있겠는가? 가슴이 울렁거렸다. 알 수 없는 감동이 오케스트라와 오르겐의 웅장함과 함께 태준의 온 몸을 감싸 않으며 환영(幻影)의 세계로 이끌었다. 이미 죽음의 세계로 떠나 간 태원 형, 꿈에도 그리던 유인경, 잊지 못할 벗들 이은상, 윤복진, 그리고 사랑하는 아내 김봉렬의 얼굴들이 스쳐 지나갔다.

> 헨델은 수십 년 동안 귀족과 왕실의 총애를 받았고 부귀영화를 누렸지만 초라하고 궁색한 모습이 되었습니다. 4년 전에 뇌출혈을 일으킨 그는 반신불수가 되었고 이제는 끼니를 걱정해야할 정도였습니다……

Georg Friedrich Handel
(1685–1759)

First Presbyterian
Church, New York

태준은 어렴풋한 의식을 깨워 중간 휴식 시간에 들려주는 해설에 귀를 기울이고 있었다.

헨델은 어느 겨울 저녁에 산책을 하다가 교회의 첨탑이 눈에 들어오자 그대로 주저앉아서 통곡했습니다. 하나님이여, 하나님이시여, 어찌하여 저를 버리시나이까? 헨델은 그렇게 큰 소리로 울부짖었고 밤이 깊어서야 숙소로 되돌아오게 되었지요. 숙소로 돌아온 헨델에게는 시인 찰스 제넨스(Charles Jennens)로부터 온 소포가 기다리고 있었습니다. 그 속에는 오라토리오의 가사가 적힌 종이와 이것을 작곡해달라는 편지도 있었습니다.

"그는 사람에게 멸시를 당하고 버림을 받았다. 그는 자기를 긍휼히 여길 자를 찾았건만 아무도 그럴 사람이 없었다. 그를 위로해 줄 사람은 아무데도 없었다. 그는 하나님을 믿었도다. 하나님은 그의 영혼을 음부에 버려두지 않으셨도다. 그가 너에게 안식을 주리라……"

이 구절을 읽던 헨델에게 갑자기 천국의 음악이 들려오기 시작했습니다. 헨델은 몸을 부르르 떨었고 황급히 펜을 들었습니다. 다음날 아침 그의 하인이 조반상을 들여올 때 까지도 그는 책상 위에 엎드려 일을 하고 있었습니다. 그는 미친 사람처럼 벌떡 일어나서 방안을 왔다갔다 서성거렸고 팔을 휘둘러 허공을 후려치기도 하고 큰 목소리로 노래를 부르기도 했습니다.

"할렐루야! 할렐루야!"

무려 24일간이나 헨델은 그런 상태가 지속되었습니다. 마침내 메시아, 가장 위대한 오라토리오는 이렇게 탄생했습니다. 그는 침대에 나동그라져서 무려 14시간이나 잠을 잤습니다.

어느덧 휴식 시간이 끝나고 공연의 마지막 3부가 시작 되었다. 태준은 도저히 더 이상 견딜 수가 없었다.
"할렐루야. 할렐루야. 할렐루야……."
마지막 곡인 할렐루야 합창이 웅장하게 울려 퍼질 때는 자신도 모르게 자리에서 일어나 눈물을 쏟아낼 수밖에 없었다. 며칠 동안 서러웠던 감정과 뒤늦은 깨달음에 대한 감격 등 솟아오르는 온갖 느낌을 주체하지 못한 것이다. 샹들리아가 스테인드글라스에 반사되어 비춰진 빛은 감동 후에 느껴지는 기쁨과 평안함을 고스란히 태준에게 전하고 있었다. 형형색색의 찬란한 빛은 어쩌면 그가 찾고자 하는 그 하늘의 빛이었을 것이다.

뜨거운 집념을 가지고 밤낮 가리지 않으며 피땀을 흘린 보람이 있었다. 태준은 기어이 합창단 단원으로 선발이 된 것이다. 더 이상 그를 무시하는 사람은 없었다. 오히려 동양에서 온 박태준을 언급하면 누구든지 인정해줄 정도였다. 그는 1935년 6월에 웨스트민스터콰이어 대학에서 학사 학위를 받고 다음 해인 1936년에「Fitzwilliam Virginal Book에 예시된 영국 건반 음악의 발달」이란 논문으로 음악 석사학위까지 받게 되었다.

8 카네기 홀에서 만난 바흐

바하의 〈B단조 미사〉, 5명의 독창자와 5성부 합창단으로 구성된 이 대곡은 지난 1년 내내 연습을 했지만 여전히 어려운 곡이었다. 5개 부문의 총 24곡으로 구성된 이 작품은 깊은 고뇌로부터 위엄과 권위를 거쳐 극도의 환희에 이르는 다양한 표현이 그 특징이라고 할 수 있다. 오케스트라로 반주하는 합창을 위한 정교한 푸가, 독창 성부와 악기의 섬세한 구조적 배치, 그리고 강하게 호소하는 작은 합창과 상징적으로 사용한 음악적 표현들…… 그리고 이 미사의 가장 압축된 표현은 무엇보다도 사도신경(Credo)이었다. 성육신과 십자가 처형, 부활 등의 장면이 전개가 될 때는 누구도 그 장엄함에 압도되지 않을 수 없는 곡이다. 십자가의 처형에서 나오는 강렬한 반음

계적인 하모니는 고통의 장면을 극대화하다가, 부활에 이르러서는 큰 기쁨 속에서 힘차게 진행되는 화려함은 곡을 거의 완벽에 가까운 창조물로 여기게 될 정도이다. 태준이 단원으로 있던 웨스트민스터 음대 합창단은 바로 이 곡으로 필라델피아 관현악단과 협연의 기회를 가지게 된 것이다. 그것도 꿈의 무대라고 할 수 있는 프린스턴 대학의 리챠드슨 대강당과 카네기 홀에서 각각 한 번씩 2회 공연이 예정되었다고 했다. 필라델피아 교향악단은 뉴욕 필, 보스톤 필과 함께 미국의 3대 교향악단으로 꼽히는 교향악단이었다. 각 파트마다 세계적인 연주자들이 포진을 하고 있어서 그 당시에 사람들은 화려하고 아름다운 음악을 '필라델피아 사운드'라고 말할 정도였다.

"정말 믿을 수 없는 일이군……."

믿을 수 없었던 것은 태준 만이 아니었다. 합창단원 모두가 이 놀라운 협연 소식에 고함을 지르며 환호를 했다. 지휘자는 당대 최고의 카리스마를 자랑하던 스토코프스키가 아니던가? 그는 필라델피아 교향악단의 제 3대 지휘자였는데 이미 1913년부터 20년이 넘도록 장기간 재임하고 있으면서 소위 "스토코프스키와 필라델피아의 황금시대"를 이룩할 정도로 명망 있었다.

드디어 공연 날이었다. 우아한 프린스턴 대학의 캠퍼스가 눈앞에 들어오게 되자 제대로 실감이 났다. 리챠드슨 대강당의 웅장함에 모두들 압도를 당하는 기분이었다. 당대 최고의 연주자들에 의한 공연답게 청중들은 이미 강당 밖에서 기다리고 있었다. 밀려드는 인파들 때문에 로비에는 이미 발 디딜 틈이 없을 정도였다. 그런데 리허설을 위해 무대에 올라섰을 때 태준은 자신의 눈을 의심했다. 관현악단 사이에서 첼로를 안고 있는 사내가 눈에 들어왔던 것이다. 검은 머리에 안경을 낀, 참으로 잘 생긴 동양 사람이었다. 어디선가 본 듯한 느낌에 태준의 눈길은 자꾸만 그에게로 향했다. 태준은 용기를 내어 그에게로 다가가서 말을 건넸다.

"실례지만 혹시 한국 사람이신가요?"

"예, 그렇습니다만, 당신도 한국분이시군요."

안경 낀 사내는 활짝 웃으며 반가운 표정을 했다.

"저는 박태준이라고 하는데, 혹시……."

"아, 선배님이시군요 저 안익태입니다!"

"오, 안 선생을 여기서 만나다니. 난 웨스트민스터 대학의 합창단원입니다."

"그렇군요. 저는 오늘 필라델피아 관현악단의 첼로 주자입니다."

공연을 앞두고 긴 이야기를 나눌 수 없었던 그들은 공연 후에 다시 만나기로 약속을 하고 헤어졌다. 큰 공연 무대라 연습

Leopold Stokovsky

안익태

내내 떨렸지만, 오케스트라에 한국인이 있다는 사실만으로도 든든한 아군이 지켜주고 있는 듯한 느낌이었다

문제는 엉뚱한 곳에서 생겼다. 역시 지휘자 스토코프스키는 보통 인물이 아니었다. 그는 청중과 무대 사이를 판자로 막아버린 것이다. 공연이 시작되면 판자가 치워질 것을 예상했던 관객들이 웅성거리기 시작했다.

"이 판자는 뭔가? 왜 저렇게 막아놓는거야?"

"어서 치워줬음 좋겠습니다. 공연에 방해가 됩니다!"

"아니, 이게 무슨 난리야. 도대체 무대 준비를 어떻게 한거야?"

소리 높여 항의하기 시작하는 청중들 앞에 지휘자 스토코프스키가 나타났다.

"여러분, 공연은 예정 시간에 시작할 것입니다. 하지만 이 판자는 이 위치에 그대로 두겠습니다. 시야가 가려져서 좀 불편하시겠지만, 오늘은 좀 참아주시기 바랍니다."

"아니, 왜 그런 것인지 이유나 말씀해주셨으면 좋겠습니다."

스토코프스키의 발언을 들은 사람들은 이해할 수 없다는 표정이었다.

"여러분들께서는 연주를 들으러 왔지 보러 온 게 아닙니다. 눈을 감고 이 연주를 들어보시기 바랍니다. 전 그저 여러분들께서 이 연주를 100% 소리로, 그리고 마음으로 느껴줬으면 좋

겠습니다. 시각보다는 청각에 귀 기울여 공연을 받아들여주셨으면 합니다. 훨씬 더 감동어린 연주가 될 것을 확신하는 바입니다. 가끔은 우리의 시각이 청각을 방해할 때가 있기 때문입니다. 부탁드립니다."

고개 숙여 부탁하는 지휘자의 요청이 있었으나 사람들의 마음이 불편하기는 마찬가지였다. 그러나 이 명성 있는 지휘자가 빈말로 허튼 소리를 할리는 없었다. 어차피 공연은 귀로 듣는 것이니 밑져봐야 본 전 아닌가. 사람들은 진정을 하고 드디어 연주는 시작되었다. 반대로 연주자들은 관객 없이 공연하는 듯한 기분이었다. 태준은 사람들이 보이지 않자 어색한 기분이 들었다. 하지만 그것도 잠시였다. 청중들로 말미암아 시각이 흩어지지 않으니 더욱 공연에 집중할 수 있었다. 기악과 성악이 원숙하게 결합된 바로크 예술의 결정체라고 꼽히는 곡의 음악이 흘러나오기 시작했다. 정적 속에서 심장으로 뚫고 들어오는 듯한 직선적인 Kyrie의 외침에 사람들은 깜짝 놀랐다. 그야말로 경건한 마음으로 신에게 바치는 노래 소리에 가슴 뭉클하다가 그 비장함을 감싸 안는 조용하고 든든한 오케스트라 소리에 청중들은 마치 천국을 경험하는 듯 했다. 그러다가 Gloria에 이르게 되면 참 기쁨이 무엇인지 말해 주는 듯 합창은 천상의 소리를 만들어 냈다. 사람의 목을 통해 나오는 소리라고는 믿을 수 없을 정도로 선명하고 깨끗한 음들이 오케스트라와 함께 조화를 이뤘다. 천정 높이 울려 퍼지던 합창단의 목소리는 어느덧 하늘에서 한 줄기 빛이 비춰지는 것처럼 부드럽게 급강하하기도 했다. 눈을 감고 듣고 있던 관객들 또한 정신이 아득해지격 어디론가 빨려 들어갔을 것이다.

  24곡이나 되는 음악을 연주하는 동안 태준은 한 순간도 떨리는 마음을 진정시킬 수 없었다. 예수의 부활을 그리는 18번 곡을 부르자 태준은 한 줄기 번개가 지나가듯 온몸이 가슴 깊은 곳에서 끓어오르는 감격에 벅찬 환희를 느꼈다. 환희와 기쁨에 동화되면서 음악이 자신의 영혼을 맑게 만들어 주는 것만 같았다. 연주는 신비로웠다. 음악과 한 몸이 되는 자신을 느꼈다. 소용돌이처럼 휘감겨 올라가는 웅장한 울림이야말로 바흐가 추구했던 세계였을 것이다. 큰 기쁨 속에서 힘차게 진행하는 클라이맥스가 되자 얼마나 놀랍고 황홀했던지 태준은 노래를 부르면서 자신도 새로운 생명을 얻어서 깨어나는 것 같은 전율을 느꼈다. 눈앞에는 파도가 넘실거리고 천사들이 춤을 추는 것 같은 환영이 보일 정도였다. 곡이 점점 막바지에 이르면서 가슴 속이 뭉클한 뜨거운 감정으로 꽉 찬 기분이 들었다. 현실의 시간은 움직이지 않은 것처럼 연주에 빠져 들어갔다. 합창단의 목소리는 천사들의 목소리와 다르지 않았다. 급속한 음계와 분산 화음들이 교차되어 연주 되자 태준은 자신이 그 공간에 있다는 것 자체에 감격했다.

몇 번의 반복되는 감동 끝에 숨 가쁘게 달려온 연주는 끝이 났다. 박태준은 격렬하고 장대한 곡이 마치자 쏟아져 내려오는 중압감에 어지럼증을 느낄 만큼 힘이 풀렸다. 나른한 비몽사몽의 기분이 들었다. 그때 귀를 울리는 소리가 현실이라는 것을 말해주었다. 청중들의 박수와 환호성이 쏟아져 나오기 시작한 것이다. 비록 직접적으로 보이지는 않았지만 그 환호성과 박수 소리로도 충분히 가득히 차 있는 청중들의 감정을 느낄 수 있었다. 처음에 불평을 했던 사람들은 언제 그랬냐는 듯 앙코르를 외치고 있었다. 이미 그들 사이를 가로 막은 판자는 물질적인 벽에 불과했다. 서로가 서로를 보지 못해도 그들은 하나로 이어져 있었던 것이다. 눈시울이 붉어질 정도로 진하게 솟구치는 울컥거림을 진정시키느라 힘들 정도였다. 이 미사곡은 보통 2시간 반쯤 걸리는 곡이었는데 이날은 스토코프스키가 얼마나 빨리 지휘봉을 휘둘렀는지 2시간 남짓으로 끝났다. 평론가 올린 다운즈는 "지휘자 스토코프스키는 자기 집이 있는 필라델피아에 돌아갈 기차시간에 맞추어 템포를 그렇게 빨리 서둘렀을 것"이라며 그의 연주에 극찬을 아끼지 않았다.

공연이 끝나자 박태준과 안익태는 다시 만나 자리에 앉았지만 대화는 쉽게 시작되지 못했다. 두 사람 다 연주의 감동에서 벗어나는 데 시간이 필요했기 때문이었다.

"아니, 안 선생은 언제 미국으로 오시게 되었소?"

"이 무슨 든 우연인가요. 놀랍습니다. 저는 숭실에서 쫓겨난 이후 일본에서 공부를 마치고 다시 미국으로 건너왔지요."

안익태는 1906년 생으로 1918년에 숭실에 입학했으니 태준보다 한 참 후배인 셈이다. 그러나 다음해 3.1운동이 일어나자 수감자 구출운동에 가담했다가 제적을 당했다. 그 길로 일본으로 건너가서 동경국립음악학교를 졸업하고 1930년에 미국으로 건너 와 신시내티 음악원에 입학했다. 그러나 스토코프스키를 만나 1932년 신시내티음대를 그만두고 필라델피아로 옮겼다. 필라델피아어서 커티스 음대를 마친 후 템플대학교 대학원을 졸업했다고 했다. 그리고 지금은 필라델피아 심포니 클럽을 맡아 지휘를 맡아 있으면서 스토코프스키 선생의 연주에는 가끔씩 첼로 주자로 참여하기도 한다고 했다.

"아, 정말 자랑스럽소. 외국에서 공부한다는 게 얼마나 어려운데……"

태준은 진심으로 안익태를 격려하고 칭찬했다. 물론 맘 한 구석에는 부러움도 없지 않았다.

"저야 뭐 일찍 유학을 나왔으니 그러하지만, 선배님이 더 대단하십니다. 나이 드셔서 어린 아이들과 공부하는 일이 쉽지 않으실텐데, 정말 존경스럽습니다."

안익태는 그야말로 세련된 신사였다. 말끔한 외모에 매너 또한 훌륭했다.

카네기 홀에서 이루어진 두 번째 공연도 성공적이었다. 태준은 꿈에도 그리던 카네기 홀 연주를 마치고 감격했다. 르네상스 양식으로 지어진 카네기 홀은 빅토리아 시대를 연상하게 할 정도로 우아한 실내 장식으로 꾸며져 있었다. 카네기 홀에서는 출연자와 객석 사이에 아무런 가림막도 없었다. 프린스톤의 리챠드슨 대강당에서 있었던 가림막 장치는 오로지 지휘자 스토코프스키의 실험정신 덕분이었던 것이다. 무대와 객석 간의 거리가 30.5m 넘지 않는다는 원칙 탓에 카네기 홀에서는 오히려 한층 가깝게 관객들과 호흡할 수 있는 연주를 경험했다.

나라를 사랑하는 노래

뉴저지의 한인교회 성가대를 지휘하는 일은 태준에게 커다란 기쁨이었다. 비록 규모는 작았으나 고국을 뒤로하고 이민을 떠나 온 이들에게 교회는 말 그대로 안식처였다. 한국과 달리 이곳에서는 여성들이 매우 진취적이고 활동적이었다. 사실 그렇게 하지 않으면 미국이라는 사회에서 살아남을 수가 없는 환경이었기 때문이다. 이들 초기 이민자들 가운데는 비교적 엘리트 그룹이 많았다. 생계를 위한 노동이민이 있는가 하면, 어떤 이는 중국을 거쳐 장사를 하겠다고 건너 온 이들도 있었다. 일제의 탄압을 피해 정치적인 망명을 결행한 이들도 있었고, 태준처럼 유학으로 온 이들도 있었다. 한국에서는 도저히 상상할 수 없는 다양한 신분의 사람들이 한꺼번에 모였고, 남녀노소 할 것 없이 오로지 한국인이라는 이유로 결속한 공동체가 바로 이민교회였다. 이민교회는 단순히 신앙의 단체가 아니라 사회적 기능을 하는 애국단체요 교육단체이기도 했다.

> 합창은 소리를 모은다는 뜻입니다. 합창의 기본은 다른 사람을 배려하는 마음입니다. 마치 우리 한인교회가 그런 배려를 통해 하나가 되듯이 말입니다. 소리를 내기 전에 먼저 소리를 들을 수 있는 훈련을 해야 합니다. 남의 소리에 귀를 기울여 들을 줄 아는 것이 바로 예술입니다. 그런 단계에 이르면 우리는 오케스트라의 소리까지도 들을 수가 있습니다. 그러나 오케스트라는 사람의 소리가 아닙니다. 따라서 목소리로 음악을 할 수 있다는 것은 우리 합창단의 특권입니다. 우리는 가사를 통해 신앙을 고백하고, 애국심과 민족적 긍지도 고취시킬 수 있습니다.

태준의 음악에 대한 철학이 형성되어 가는 과정에서 한인교회의 성가대는 든든한 후원자였다. 그저 음악적인 기교만 훈련하거나 소리의 화음만 추구하는 게 아니라 그들과의 부딪힘이나 어울림은 그로 하여금 궁극적인 삶의 조화를 지향할 수 있게 하였다. 아니, 어쩌면 그것은 인간사회의 평화를 위한 발걸음이기도 했고, 더 나아가서는 신과 인간의 화해이기도 했다. 그러나 그의 작곡 활동은 한국에서처럼 그리 왕성하지 않았다. 음악의 이론과 역사를 깨우칠수록 오히려 음악이 두려워진 것이다. 조심스러웠고, 완성도에 대한 욕심이 생긴 것이다. 「아 가을인가」와 「그이 생각」 정도가 미국에서 구상하고 귀국해서 완성한 작품들이었다. 향수가 짙게 베인 사랑하는 벗 윤복진의 시는 미국까지 와서도 역시 그에게 말을 걸고 있었던 것이다.

아 가을인가

아 가을인가 봐, 아 - 가을인가 봐
물동이에 떨어진 버들잎 보고 물 긷는 아가씨 고개 숙이지
아 가을인가 봐, 아 - 가을인가 봐
둥근달이 고요히 창에 비치면 살며시 가을이 찾아오나 봐

비록 오랜 만남은 아니었지만 그의 음악세계에 있어서 안익태는 훌륭한 동반자였다. 태준이 그를 다시 만나게 된 것은 1936년 꽃샘 추위가 슬며시 물러가던 어느 봄날, 귀국을 준비하며 샌프란시스코에서 머물고 있을 때였다. 마침 안익태도 미국 생활을 끝내고 독일 유학을 준비하기 위해 샌프란시스코에 머물고 있던 터였다.

"멀리 떨어져서 생활한지 오래다보니 고국이 그립군요. 이

렇게 안 선생과 가까이 지내게 돼서 저는 참으로 많은 위로를 받았습니다."

"제가 오히려 감사할 일이지요. 박 선배처럼 성실하게 공부하시는 분을 만나게 되어 많은 자극이 되었습니다."

"참, 요즘 안선생께서는 나라 사랑에 대한 작곡에 매진하고 계신다고 들었습니다만……"

"예, 거의 마무리를 했습니다만 아직 부족한 부분이 많습니다. 어디 한번 보시겠습니까?"

안익태가 끄집어 낸 곡은 「애국가(愛國歌), 나라를 사랑하는 노래」였다.

"이 곡은……"

아직 잉크도 채 마르지 않은 듯한 악보를 살펴보던 태준은 말을 잊지 못하고 멍하니 안익태의 얼굴을 바라보았다. 안익태는 천천히 이야기를 시작했다.

"제가 일본에서 공부를 마치고 샌프란시스코로 건너 온 것이 아마도 1930년이었던 것 같습니다. 도착하던 날 저녁에 저는 바로 한인감리교회에서 베푼 환영회에 참석하게 되었지요. 약 200여명의 동포가 모였더군요. 황사선 목사님의 소개로 강대 위에 올라 약 반 시간 동안 첼로 연주를 했습니다. 그런데 나라를 잃고 이렇게 머나먼 이국땅에서 고생하는 동포들의 모습을 보니 도무지 눈물이 앞을 가려 연주를 제대로 할 수가 없

안익태가 직접 쓴 애국가 악보 4쪽 중 첫 페이지이다.

었습니다. 제가 어떤 때는 수 천 수 만 명 앞에서도 연주를 한 적이 있지만, 그 날처럼 감격스러운 날이 없었습니다. 그들이 태극기 아래서 애국가를 부르며 의식을 거행하는 것을 보고 조국 생각이 더욱 간절해졌던 게지요."

안익태는 다시 한 번 그날의 감정이 떠오르는지 지그시 눈을 감은 채 이야기를 계속했다.

"하지만 박 선배도 아시다시피 그 애국가의 곡조는 원래 스코트랜드의 민요인 「올드 랭 사인」이 아닙니까? 어떤 나라 사람들은 스캇치를 마실 때 부르기도 하고, 어떤 나라에서는 사랑의 노래로, 또 어떤 나라에서는 이별의 노래로 불리기도 합니다. 그런데 대한국의 애국가로 그 곡조를 사용하고 있음은 참으로 수치스럽다는 생각이 들었습니다. 아마도 그때부터였던 것 같습니다. 무엇보다도 애국가부터 작곡해야겠다고 마음을 먹은 게 말입니다. 저의 이런 생각을 말하니 마침 그 교회의 황사선 목사님께서는 제게 안창호 선생이 지으셨다는 시를 보여 주셨습니다. 그리고 귀한 만년필을 선물하면서 나라를 사랑하는 마음을 담아 곡을 작곡해보라고 권하셨죠. 그 때 확고한 결심을 한 것입니다. 이 만년필로 꼭 당당한 우리나라만의 애국가를 작곡하겠다고 말입니다. 그 때부터, 그러고 보니 벌써 5년이나 지났군요. 「코리아 판타지」라는 교향곡을 구상하고 여러 차례 습작을 해 봤습니다. 결코 경솔히 할 일도 아니었지만, 쉬운 일이 아니더군요. 그런데, 지난 11월 어느 날 아침, 드디어 하나님의 계시가 있었던 것 같습니다. 그동안 완성치 못하고 남겨 두었던 후렴을 완성시킬 수 있었습니다."

태준이 안익태의 두 손을 꼭 잡았다. 존경과 감사의 뜻이 가득 담겨 있었다.

"안 선생, 정말 훌륭하십니다. 속히 발표를 하셔야겠습니다. 민족운동을 보다 더 진작시키고 애국정신을 고취시키는데 애국가는 큰 역할을 하게 될 것입니다. 음악의 위대한 힘이 바로 거기에 있지 않겠습니까?"

안익태는 송구스런 표정을 지으며 조심스레 대답을 했다.

"혹 박 선배께서 연주를 한 번 해 주실 수 있을런지요? 직접 연주를 듣게 되면 또 다른 생각이 떠오를지도 모르니까요. 공식적인 발표를 하기 전에 충분히 다듬고 싶습니다."

태준은 기다렸다는 듯이 맞장구를 쳤다.

"그렇게 할 수 있다면야 영광이지요. 당장 추진해 봅시다."

준비에 발 벗고 나선 사람은 황사선 목사였다. 성가대는 자발적으로 모이기 시작했고, 그들의 열정에 지휘를 맡게 된 태준은 절로 힘이 났다. 태준은 안익태의 곡을 세밀하게 분석하여 노래를 다듬어갔다.

이 곡을 대하는 우리의 마음은 장엄하고 엄숙해야 합니다. 애국적 정신이 있다면 그 부분은 더 이상 강조를 할 필요가 없을 것입니다. 특히 동해의 '해'와 백두산의 '백'에 힘을 주시고 또 하나님이 보우하사 우리나라 만세는 더욱 힘있게 충만한 애국심으로 활기있게 부르십시오. 후렴의 '무궁화 삼천리'는 힘있게 부르되 크게 부르지 마시고 엄숙히 의미심장하게 부르며 '화려강산'부터는 화려한 정신과 깊은 애국심으로 불러 보시기 바랍니다. 이어 '대한 사람 대한으로 길이 보전하세'는 첫 음절 '하나님'과 같이 활기 있고 장엄히 부르십시오. 2절도 같은 방식으로 부르면 됩니다.

한인들을 위한 음악회가 열린다는 소문이 퍼져 나가자 연주회가 있는 날 밤, 어른 아이 할 것 없이 청중들이 3백여 명은 족히 될 법했다. 샌프란시스코에서 몇 시간씩이나 걸리는 산호세(San Jose)와 프레스노(Fresno)에 사는 동포들도 소식을 듣고 달려왔던 것이다.

동해물과 백두산이 마르고 닳도록 / 하느님이 보우하사 우리나라 만세
무궁화 삼천리 화려강산 / 대한 사람 대한으로 길이 보전하세

미국 땅에서 우리말로 부르는 노래였다. 바빌론 땅에 노예로 끌려가 비파와 수금을 나뭇가지에 걸어놓은 채 강가에 주

음악회가 열렸던 샌프란시스코 한인연합감리교회(1123 Powell St.) 도산 안창호에 의해 1903년에 설립된 이 교회는 1930년 신축되었으나, 지금은 중국인에게 팔려 사찰로 사용되고 있다.

저앉아 눈물짓던 이스라엘 민족의 서럽고 서러운 노래가 이러하였으리라. 한 번으로 충분하지 않았다. 몇 번이고 반복해서 부르는 동안 어느덧 청중들도 하나 되어 따라 부르기 시작했다.

"대한 사람 대한으로 길이 보전하세~~."

음악회는 눈물바다가 되고 말았다. 사람들은 그동안 마음속에 담아뒀던 응어리들을 드러내기 시작했고, 나라를 빼앗긴 망향의 설움과 조국에 대한 사무친 그리움이 통곡으로 변하게 된 것이다. 제일 앞쪽에 앉아 누구보다 눈물을 많이 흘리던 중년의 사내가 벌떡 일어선 것은 그 때였다.

"대한독립 만세!"

한 사람이 시작한 만세 소리가 금세 모든 이들의 합창으로 변했다. 사람들은 목청껏 만세를 외쳤고 그것은 마치 거대한 파도 소리처럼 밀려왔다.

10 합창, 함께 부르는 노래

미국에서 들아 온 태준은 1936년 9월부터 숭실전문학교에서 교수로 강의 하게 되었다. 그해 10월 15일에는 계성학교 개교 30주년 기념 음악회에 출연하여 대구에서 많은 호평을 받기도 했다. 대구시 공회당에서 열린 이 음악회에서 베토벤의 '아델라이데', 오페라 「마르타」 중에서 '아아 아름답다', 그리고 가곡 '물새 발자욱' 등을 독창하였다. 하고 싶은 음악을 체계적으로 공부하고 제자를 양성하는 일, 이 두 마리 토끼를 다 잡은 박태준은 자신의 꿈을 현실로 옮기고 있었다. 그러나 1938년 숭실학교가 강제 폐교를 당하자 태준은 다시 모교인 계성학교로 자리를 옮겼다. 합창 음악에 대한 그의 정열은 식지 않아 "대구성가협회"라는 이름으로 대구 최초의 일반 합창단을 조직했다. 동요집 『물새발자욱』 『뜸북새』 등을 펴낸 것도 이 때였다. 계성학교에서는 합창단뿐만 악대부를 조직하여 성악과 기악, 그리고 작곡까지도 가르쳤다. 대구의 음악계에 그가 등장한 것은 마치 사막의 오아시스 같은 것이었다.

그러나 아무리 국권을 빼앗겼기로서니 이럴 수는 없는 일이었다. 가는 날이 장날이라고 했던가? 그날따라 태준은 학생들에게 애국가를 가르치고 있었다. 수업 중인 교실에 일경이 들이 닥친 것은 바로 그 때였다.

"모두들 동작을 멈추시오. 그리고 한 발짝도 나가지 말고 제 자리에 있으시오!"

"아니, 수업시간에 이게 무슨 횡포입니까!"

"박태준 선생. 다 들었습니다. 학생들에게 무엇을 가르치고 있는거요? 어찌하여 황국신민으로서 도리를 하지 않고 그 따위 퇴폐적인 노래나 가르치는 거요? 선생이라는 자가 아직 머리도 자르지 않고 꼴이 그게 뭐요?"

무례하게 총칼을 세우며 윽박지르는 헌병들에게 태준은 검은 두 눈을 호랑이 마냥 번득이고 있었다.

"나와 학생들은 지금까지도 그렇고 앞으로도 대한민국의 국민일 뿐 입니다. 더 이상 무얼 말하겠소. 그대들 뜻대로 머리는 자를 생각이 없소"

위: 다구성가협회 1938.
아래: 계성악대 1943.

"당신을 일본제국의 반대하는 독립 운동 조장 혐의로 체포하겠습니다."

그리고 학생들이 보는 앞에서 태준을 포승줄로 묶어버렸다. 학생들은 소리를 질러댔고 교실은 금세 난장판이 되고 말았다. 이렇게 끌려나온 사람은 태준 한 사람만이 아니었다. 손계술, 이태환, 그리고 신후식 선생도 끌려나오고, 학생들도 열 댓 명이 우르르 끌려나오고 있었으니 학교는 발칵 뒤집어졌다.

하기야 언젠가는 이런 날이 올 줄 알았다. 그가 가르치는 음악은 언제나 한국 동요들이었고, 한국적인 가락을 찾는 일만이 나라와 겨레를 살리는 일이라고 했다. 학생들에게 자신이 겪었던 3·1 만세운동을 상기시키며 대구에서 벌어진 3.8만세운동이 계성학교의 주도로 이루어졌다는 사실을 강조했다. 그것은 태준의 모교에 대한 긍지와 사랑의 표현 방식이기도 했지만, 장차 조국의 독립을 위한 정신 무장이 얼마나 중요한지를 말해주고 싶었던 것이다. 손계술, 이태환, 신후식 선생도 그런 점에서 태준과 다르지 않았다. 그들은 당국에서 그렇게도 금기시하는 한국말로 수업을 해나갔고, 몇 번이나 경고를 받으면서도 고집을 꺾지 않았다. 전시 체제라며 남성에게는 삭발을, 여성에게는 파마를 금지하고 단발을 강요하기도 했지만, 태준은 그 명령도 따르지 않았다.

그들이 갖다 붙인 혐의는 손계술, 이태환, 신후식 선생이 계성학교 졸업생인 장천실이 주도한 반일사상 단체의 배후라는 것이었다. 그 길로 이들이 끌려 간 곳은 진해헌병대에 였고, 나중에는 부산형무소까지 넘어가 옥고를 치렀다. 비록 죄수 신세가 되었지만 태준은 자신의 소신에 대해서 한 번도 후회하지 않았다. 자신의 제자들에게 당당하게 자주 독립정신을 가르친 것이 무슨 죄란 말인가. 형무소의 싸늘한 바닥에서 한기가 올라옴을 느꼈지만 아랑곳 하지 않았다. 일제가 목을 죄어 올수록 애국정신은 불타오르는 것 같았다. 혹독한 고문 속에서도 절망하지 않았다. 제대로 씻을 수 없어서 머릿결은 푸석해졌고 턱 없이 부족한 식사로 체중도 줄었다. 그러나 태준의 태도에는 흐트러짐이 없었다. 오히려 옆방에서 이태환, 신후식 선생이 고문을 이기지 못해 신음하는 소리를 듣는 것이 괴로울 뿐이었다. 간절한 믿음 탓이었을까? 꿈에 그리던 광복을 감옥 생활 2개월 만에 맞이한 것이다.

"대한민국 만세다! 대한민국 만세다!"

그들은 어깨동무를 한 채 큰 소리로 대한민국 만세를 외치며 거리를 쏘다녔다.

그렇게 기다리고 기다리던 해방을 맞았건만, 또 다른 불행이 기다리고 있을 줄은 짐작하지 못했다. 남쪽에는 미군. 북쪽에는 소련군이 각각 들어와서 세력 다툼을 시작한 것이다. 기

10 합창, 함께 부르는 노래

지개를 펴볼까 하던 호랑이의 허리춤에는 철조망이 둘러졌다. 그렇게 남, 북이 38선을 사이에 두고 대립하는 동안에 사회주의 이념에 심취했던 많은 지식인들이 자진 월북을 했고, 이미 공산당의 공포정치를 맛보았던 사람들은 북에서 남으로 월남을 했다. 박태준이 가장 사랑하던 친구 윤복진도 그들 중 하나였다.

"태준 형, 은상 형, 나는 북으로 가야겠소. 가서 일체의 비과학적 사상을 배격하고 새로운 사회주의 이념으로 무장하여 우리의 어린아이들이 지상낙원을 꿈꿀 수 있는 그런 시를 쓰고 싶소."

"꼭 그래야만 하겠나? 그런 이유라면 이곳에 남아서도 실현할 수 있지 않은가?"

"이미 내 뜻은 확고히 굳혔소. 내가 보기에 남쪽은 너무 썩어서 더 이상 희망이 없다오. 내 평소 계급 사상에 대한 이야기 해오지 않았소? 북쪽이 바로 그 꿈을 실현시켜줄 수 있는 곳이란 말이오. 부디 두 분께서도 건강하시고, 통일이 되면 다시 만날 수 있기를 바라오."

기어이 떠나겠다는 복진을 막을 수는 없었다. 아, 이념이 무엇이기에 이처럼 한 나라의 허리를 두 동강이로 내더니, 사람들의 인연조차 갈라놓는단 말인가? 지울 수 없는 생채기를 얻은 그들은 목 놓아 울었다.

윤복진은 몸만 떠난 것이 아니었다. 그의 시를 바탕으로 태준이 작곡했던 동요들은 일시에 금지곡이 되고 만 것이다. 윤복진의 노랫말「그이 생각」「해지려는 저녁때」「낙엽」「물새 발자욱」「아!가을인가」「요-호」「마님과 머슴」「갓모를 잇고」이 각각 윤석중의「임생각」「추석」「첫겨울」「물새알」「오시나 봐」「야호」「나물무치기」「백두산 하늘 못」등으로 바뀌었다. 특히 "울 밑에 귀뚜라미 우는 달밤에……"로 시작하는「기러기」도 윤복진의 가사였기 때문에 금지가 되었고 나중에 "가을 밤 외로운 밤 벌레 우는 밤……"으로 시작하는 이태선의「가을밤」으로 바뀌었다. 그러나 남·북 분단의 비극도 순수한 동요와 가곡은 비껴갈 수밖에 없었던 모양이었던지, 사람들은 이 곡이 금지되었는지도 모른 채 즐겨 불렀다. 태준도 귀뚜라미 우는 달밤이면 피아노 건반을 두드리며 음표들을 바람결에 북으로 날려 보내곤 했다.

서울로 올라간 박태준은 1945년 해방 후부터 서울 남대문교회에서 성가대를 맡으견서 그해 9월 15일에 한국오라토리오합창단을 60여 명으로 조직하여 12월에 창단연주회를 개최하였다. 광복을 맞은 지 한 달 만에 창단한 것이다 60명의 단원으로 출발한 오라토리오합창단은 많은 어려움 가운데서도 그 해 12월 창단연주로 헨델의「메시아」전곡을 초연함으로써 합창

예술의 새 역사를 만들어냈고, 그 후 오라토리오합창단이 한국에서 초연한 작품만도 베토벤의 「장엄미사」, 바하의 「b단조 미사」, 멘델스존의 「엘리야」, 하이든의 「사계」, 모차르트의 「레퀴엠」 「대관식 미사」 등 20여 작품에 이르고 있다. 특히 이 곡들의 가사들은 대부분 박태준이 손수 번역하였으니 합창 음악에 대한 그의 정열은 식을 줄 몰랐다.

　1948년 그가 연희 전문학교에 전임교수로 부임했지만, 전쟁은 그를 또 다시 엉뚱한 곳으로 몰아넣었다. 3일 만에 서울이 함락되자 태준은 사람들의 행렬에 섞여 남으로 남으로 휩쓸려 내려왔다. 대구를 거쳐 그가 도착한 곳은 포항이었다. 6.25 전쟁의 기세가 한풀 꺾일 때쯤 그는 포항의 미국문화원장직을 맡으며 포항제일교회(당시 포항교회)의 성가대 지휘를 겸하게 되었다. 포항제일교회는 폭격을 피해 무너지지는 않았지만, 인민군들이 교회를 야전병원으로 쓰면서 내부가 엉망이 된 상태였다. 전쟁의 폐허도 그의 합창에 대한 정열은 꺾지를 못했다. 그는 포항제일교회 성가대와 청년합주단을 독려하고 포항지역 미 해병대 군악대 등으로 대규모 연주단을 구성하여 할렐루야 전곡을 연주했다. 한강 이남에서 처음으로 연주된 할렐루야 전곡은 전쟁으로 상처받은 영혼들을 위로하며 동해 바닷가까지 퍼져나갔다. 쏟아지는 박수를 받으며 땀으로 범벅이 된 태준이 지휘대를 내려서자 화동들이 꽃을 건네며 축하를 했다.

그러나 너나 할 것 없이 지휘자의 손을 한 번 잡아보겠다며 순식간에 사람들이 몰려들어 무대는 어느 새 북새통을 이루었다. 단아한 모습의 중년 부인이 그 틈새를 비집고 들어 와 꽃다발을 건넨 것은 그 때였다. 똑똑히 봤다. 그녀는 분명히 청라 언덕에서 백합꽃을 연상시키던 그 소녀, 유인경이었다.

그러나, 꿈이었을까? 사람들이 떠난 텅 빈 교회당에는 그녀의 그림자조차 다시 찾아 볼 수 없었다.

겨울이 제 아무리 춥다한들 봄의 기운을 막을 수는 없듯이 끝이 안 보이던 싸움도 수그러들고 휴전을 맺게 되었다. 학교로 돌아간 태준이 66년에 퇴직을 하고 1973년까지 명예교수로 재직한 26년간의 교수 생활동안 교회음악을 위해 기여한 공로는 일일이 꼽을 수 없을 정도다. 1952년에 미국 우스터대학에서 명예음악박사 학위를 받았으며, 한국음악협회 이사장을 지냈으며 대한민국예술원 회원으로도 활동하였다. 서울시 음악문화상과 예술원 음악공로상, 대통령 문화훈장, 국민훈장 무궁화장 등 많은 수상을 하였다. 그것은 그의 지칠 줄 모르는 정열에 대해 세상이 표시할 수 있는 지극히 자그마한 표시일 뿐이었다. 은퇴 후 자녀들을 따라 미국에서 시작한 이민생활도 그를 쉽게 하지 않았다. 한인 이민사회의 중심인 로스엔젤레스에서는 한인교회 성가대를 비롯한 나성교향악단을 지휘하면

1952년 미국 Wooster 대학에서 명예박사학위를 받고.

서 음악관련 전문서도의 번역서도 펴냈다. 창문을 통해 살랑살랑 봄바람이 불어왔다. 흰 목련이니 노란 개나리니 산천을 물들여 그림책에 나올 법한 풍경을 보여주는 5월이 왔다. 살짝 내린 봄비 탓인지 어디선가 풋풋한 흙냄음이 느껴진다. 창밖으로 쳐다본 하늘도 시원하게 탁 트여 엷은 파스텔 톤으로 칠해져 있었다. 사람의 재능에 상관없이 시간은 공평하게 흘러가는 모양이었다. 태즌 역시 흰머리가 희끗함을 넘어서 호호백발이 될 만큼 나이가 들었다. 그러나 그의 입에서 나오는 찬송은 다시금 새 생명을 부르고 있었다.

> 나 이제 주님의 새 생명 얻은 몸
> 옛 것은 지나고 새 사람이로다
> 그 생명 내 맘에 강같이 흐르고
> 그 사랑 내게서 해같이 빛난다
> 영생을 맛보며 주 안에 살리라
> 오늘도 내일도 주 함께 살리라[2]

---

2) 찬송가 493 장 (고후 5:17) 1967 박태준 작곡, 이호운 시

부록

박태준 연보

1900.11.22. 대구 남성로 157번지에서 출생(부: 박순조, 모: 오환이)

1911. 대남소학교 졸업 및 계성학교 입학

1915. 대구 제일교회 반주자로 활동

1916. 계성학교 졸업 및 평양 숭실전문학교 입학

1921. 형 박태원 병으로 사망

1921. 숭실전문학교 졸업

1921-1923. 마산 창신학교 교사

1922. 가곡 「동무 생각」 등 작곡

1923. 김봉렬과 결혼

1925. 동요 「오빠 생각」 작곡

1925-1931. 계성학교 교사

1926. 동요 「맴맴」 작곡

1929. 동요집 『중중 때때중』 발간

1931. 제일교회 성가대 지휘자

1931. 동요집 『양양 범버궁』 발간

1932. 미국 유학 출발

1933. 미국 터스컬럼(Tusculum) 대학 졸업 (문학학사)

1935. 웨스터민스터(Westminster) 합창학교 졸업 (음악학사)

1936. 웨스터민스터 콰이어(Choir) 대학원 졸업 (음악석사)

1936-1938. 숭실전문학교 강사

1938-1943. 계성학교 교사

1938.6.18. 대구 성가협회(대구 최초의 일반 합창단) 창단

1939. 동요집 『물새 발자욱』 발간

1940. 동요집 『뜸북새』 발간

1940. 평양 중앙보육학교 및 보성전문학교 강사

1945. 동요 「새나라의 어린이」 작곡

1945.-1973. 남대문교회 성가대 지휘자

1945.9.15.-1973. 한국 오라토리오 합창단 창단 및 지휘자

1946.-1948. 보성전문학교와 서울여자의학전문학교 근무

1947. 동요집 『박태준 동요작곡집』 발간

1948. 제헌절 노래 작곡(작사: 정인보)

1948.-1963. 연세대학교 교수

1952.11.13. 미국 우스터(Wooster) 대학에서 명예 음악박사학위 받음

1955. 연세대학교 신학대학에 종교음악과 창설

1955. 피스톤(W.Piston)의 『화성악』 번역 발간

1956. 오렘(P.Orem)의 『초등화성악』 번역 발간

1957.10.3 서울시문화상 수상

1961. 대한민국 예술원 회원(종신)

1961.-1973. 한국 교회 음악협회 회장

1962. 대한민국 문화훈장 수상

1964.-1966. 연세대학교 음악대학 초대 학장(정년 퇴임)

1966.-1973. 연세대학교 명예교수

1968.-1972. 한국음악협회 이사장

1970.8.15. 국민훈장 무궁화장 수상

1971.7.17. 예술원상 수상

1974. 에플비(Appleby)의 『교회음악사』 번역 발간

1975. 『박태준 작곡집』 발간

1980. 브리드(D.Breed)의 『찬송가학』 번역 발간

1983. 한국성가작곡가협회 회장

1986.10.20 작고

참고문헌

손태룡, 『한국의 음악가』, 영남대학교 출판부, 2002.
손태룡, 『사진으로 읽는 음악사』, 영남대학교 출판부, 2006.
허영한, 「'미주한인학생회보'를 통해 본 안익태의 미국 유학시절」, 『계간 낭만음악』 10권 4호(통권40호), 1998년 가을호, 5-37.
김종헌, 「윤복진 동시의 담론 구성체 연구」, 『한국아동문학연구』 제12호 (2006년 12월) pp.81-104, 한국아동문학학회, 2006.

청라 언덕 위에 백합 필 적에
동요·가곡·합창음악의 선구자 박태준

지은이 | 김춘순
펴낸이 | 최도욱
펴낸곳 | 소통
편집 디자인 | 박진희
2010년 3월 30일 초판 발행

주소 | 서울특별시 금천구 시흥동 금천로44 1단지 상가 1-217
전화 | 02-895-3080
팩스 | 02-895-3330
이메일 | sotongpub@gmail.com, chio7417@hanmail.net

ISBN 978-89-93454-26-0 04230
     978-89-93454-23-9 04230

값 12,000원

＊잘못 만들어진 책은 구입하신 서점에서 교환해 드립니다.

이 도서의 국립중앙도서관 출판시도서목록(CIP)은
e-CIP 홈페이지(http://www.nl.go.kr/cip.php)에서 이용하실 수 있습니다.
(CIP제어번호: CIP2010000846)